PSICOLOGIA

Anne Rooney

PSICOLOGIA

O QUE VOCÊ QUER SABER?

M.Books do Brasil Editora Ltda.

Rua Jorge Americano, 61 - Alto da Lapa
05083-130 - São Paulo - SP - Telefone: (11) 3645-0409
www.mbooks.com.br

Dados de Catalogação na Publicação

Rooney, Anne
Psicologia/ Anne Rooney.
2020 – São Paulo – M.Books do Brasil Editora Ltda.

1. Psicologia

ISBN: 978-85-7680-334-8

Do original: Think Like a Psychologist
Publicado originalmente pela Arcturus Publishing Limited

©2019 Arcturus Holdings Limited
©2020 M.Books do Brasil Editora Ltda.

Editor: Milton Mira de Assumpção Filho

Tradução: Maria Beatriz de Medina
Produção editorial: Lucimara Leal
Editoração: Crontec
Capa: Isadora Mira

2020
M.Books do Brasil Editora Ltda.
Todos os direitos reservados.
Proibida a reprodução total ou parcial.
Os infratores serão punidos na forma da lei.

SUMÁRIO

INTRODUÇÃO	O Que É Psicologia, Afinal?	7
CAPÍTULO 1	O Que Podemos Aprender com o Cérebro?	17
CAPÍTULO 2	O Que nos Move?	31
CAPÍTULO 3	Você Não Tem Opinião Própria?	41
CAPÍTULO 4	Todos Por um ou um Por Todos?	51
CAPÍTULO 5	Quem se Importa com o Que as Celebridades Pensam?	55
CAPÍTULO 6	A Atenção Estraga os Bebês?	63
CAPÍTULO 7	A Moralidade É Natural?	75
CAPÍTULO 8	Você Desperdiça Seu Tempo em Devaneios?	81
CAPÍTULO 9	Você Faria Isso de Novo?	91
CAPÍTULO 10	Por Que Você Não Acorda?	99
CAPÍTULO 11	Dá Para Morrer de Tédio?	107
CAPÍTULO 12	Até Que Ponto Você É Cruel?	115
CAPÍTULO 13	Por Que Você Desperdiça Meu Tempo?	125
CAPÍTULO 14	Por Que Ninguém Ajudou?	131
CAPÍTULO 15	Você É o Melhor "Você" Possível?	137
CAPÍTULO 16	Cenoura ou Vara?	149
CAPÍTULO 17	Dá Para Identificar os Psicopatas?	157
CAPÍTULO 18	O Que Você Vê?	165
CAPÍTULO 19	Imagens Violentas Nos Deixam Agressivos?	179
CAPÍTULO 20	O Que Você Veio Fazer Aqui?	189
CAPÍTULO 21	Que Tal Responder a Algumas Perguntas?	201
CAPÍTULO 22	O Poder Corrompe?	209
CAPÍTULO 23	O Que Você Está Esperando?	223
CAPÍTULO 24	Quem Se Importa Se Você Perdeu o Leilão no eBay?	229
CAPÍTULO 25	Sorrir Vai Deixá-lo Feliz?	239
CAPÍTULO 26	É só Uma Fase Mesmo?	249
CAPÍTULO 27	Vale a pena Jogar na Loteria?	261

INTRODUÇÃO

O Que É Psicologia, Afinal?

O cérebro humano é o mais cativante objeto de estudo ou contemplação. Quaisquer que sejam seus interesses — arte, política, literatura, esporte, mecânica, astronomia, xadrez —, todos eles se originam numa mente humana, e você usa sua própria mente para buscá-los. Como a mente funciona, na saúde e na doença, é o terreno da psicologia.

Saber como, por que e o que pensamos tem fascinado a humanidade há milênios, mas até recentemente tínhamos pouco mais do que metáforas e histórias para nos ajudar a exprimir nossas ideias sobre o funcionamento da mente.

Cérebro e mente, corpo e espírito

No século XVII, o filósofo e matemático francês René Descartes sugeriu que o corpo humano funciona como uma máquina. Podemos aplicar a dinâmica dos fluidos para explicar o fluxo do sangue, por exemplo, e nossos ossos e músculos funcionam como alavancas. Mas Descartes não conseguiu descobrir onde se encaixa o espírito que anima o corpo e que, mais tarde, seria chamado de "o fantasma na máquina".

"Penso, logo sou", disse ele (numa indagação filosófica diferente). É provável que todos concordemos que é principalmente a mente que faz de nós o que somos. Em teoria, o corpo físico poderia ser ocupado por outro cérebro (se tivéssemos habilidade cirúrgica para efetuar um transplante de cérebro), e esse corpo não agiria mais para "você", mas para a pessoa cujo cérebro nele reside. Localizamos na mente o "eu" que é nossa identidade, e a mente, de certo modo, está dentro do cérebro ou é criada por ele.

René Descartes

Para explicar a mente no cérebro, as pessoas recorreram a histórias e religiões. Ela é um espírito ou alma que Deus soprou em nós? É uma porção de alguma vasta alma mundial ou universal, uma lasquinha de um bloco cósmico de consciência? Hoje, estamos nos aproximando de entender como o cérebro funciona e, embora ainda não possamos localizar nem definir direito a mente, podemos explicar boa parte de seu funcionamento em termos de neurologia.

Psicologia, psiquiatria e neurologia

A psicologia é o estudo de como a mente (psique) funciona. A psiquiatria aplica terapeuticamente parte desse conhecimento para ajudar pessoas com transtornos da mente. E a neurologia é o estudo da estrutura física, química e funcional do cérebro. Ao estudar "como a mente funciona", a psicologia envolve a neurologia em algumas explicações.

E você, como vai?

Muitos podemos ser afetados por algum tipo de doença mental de vez em quando, assim como o corpo pode ser afetado por várias enfermidades físicas. Às vezes, podemos ter problemas de ansiedade, sofrer um período de depressão ou ter um transtorno obsessivo-compulsivo (TOC), do mesmo modo que podemos ter apendicite, eczema ou asma.

Somos os ratos de laboratório

Para muitos, o aspecto pessoalmente mais relevante da psicologia é como nossa mente funciona no cotidiano: como aprendemos, como interpretamos o mundo, como intera-

10 | INTRODUÇÃO

> **ATRÁS DA MÁSCARA**
>
> Para muita gente, as doenças mentais são mais assustadoras do que as físicas. Não conseguimos ver o que está acontecendo. Não há urticária nem membro torcido para olhar, e não conseguimos imaginar qual é o problema nem sua gravidade. Muita gente se sente ameaçada por qualquer tipo de doença mental, mesmo que alguém com (digamos) TOC ou depressão não ameace ninguém. Não podemos pegar a doença, como pegamos gripe. Quando começarmos a entender que os problemas do cérebro podem provocar alguns tipos de doença psicológica, talvez as pessoas passem a se preocupar menos. Afinal de contas, em termos conceituais a produção insuficiente de dopamina no cérebro (associada à depressão e à doença de Alzheimer, entre outras doenças) não difere da produção insuficiente de insulina no pâncreas (que provoca diabete tipo 1).

gimos com outras pessoas e como somos. Para descobrir esses aspectos da mente, os psicólogos costumam realizar experiências no laboratório ou "em campo" (no mundo em geral). Ou então realizam estudos, fazendo perguntas ou examinando estatísticas, por exemplo. Só observando o comportamento ou o desenvolvimento de um grande número de pessoas os psicólogos conseguem descobrir o que fica no meio do espectro — o que chamamos casualmente de "normal". Alguns estudos de psicologia só se concentram em mentes disfuncionais, não apenas porque talvez precisem de terapia e tratamento especial, mas porque ajudam a lançar luz sobre as mentes "normais".

Muito trabalho

Os estudos psicológicos são cheios de problemas. Quando sabem que seu comportamento está sendo investigado, as

O Que É Psicologia, Afinal? 11

pessoas costumam mudá-lo. Podem fazer isso por várias razões: para agradar o pesquisador, para se parecer com a pessoa que gostariam de ser, para serem perversas ou, talvez de forma inconsciente, porque a situação estranha do ambiente do laboratório as deixa nervosas. Isso significa que muitos estudos tiveram de ser sub-reptícios, o que provoca problemas éticos. Alguns experimentos importantíssimos da psicologia não seriam aceitos por um comitê de ética atual. Muitos participantes não consentiram com o que ia lhes acontecer. E alguns experimentos correram o risco de provocar dano psicológico genuíno nas pessoas selecionadas, incentivando-as a agir de um jeito de que se arrependeriam mais tarde, por exemplo. Mais adiante, veremos alguns exemplos de experimentos psicológicos que, potencialmente, tiveram efeitos prejudiciais sobre os participantes.

Mentes iguais?

É difícil saber até que ponto o resultado de um estudo pode ser aplicado à população em geral, principalmente a pessoas de cultura diferente. Em geral, os participantes são de um determinado tipo — pessoas que concordaram prontamente ou se voluntariaram para se envolver em experimentos — e, portanto, não são necessariamente típicas da população em geral.

Às vezes, os participantes são escolhidos em grupos ainda mais específicos; podem ser estudantes com pouco dinheiro e, portanto, dispostos a participar de experimentos em troca de pagamento. Até que ponto os resultados obtidos com o estudo de estudantes universitários ricos americanos de 21 anos (por exemplo) podem ser aplicados para expli-

12 | INTRODUÇÃO

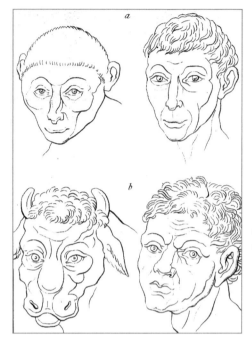

À esquerda: Comparações fisionômicas entre um homem e um macaco e entre um homem e um touro. A crença de que o caráter íntimo do indivíduo poderia ser lido em sua aparência externa ("fisiognomonia") era popular nos séculos XVIII e XIX. Muitos escritores da época, como Charles Dickens e Edgar Allan Poe, incluíram em suas obras descrições fisiognomônicas de personagens.

car o comportamento de criadores de cabras afegãos idosos, operários de uma fábrica de roupas em Bangladesh, monjas tibetanas ou empresários brasileiros?

Novas abordagens

Tipicamente, a psicologia examina nosso comportamento e estado emocional. No passado, os psicólogos só podiam chegar a conclusões sobre o funcionamento da mente prestando atenção ao que dizemos e fazemos. A estrutura física do cérebro era o terreno dos neurologistas. Mas hoje os psicólogos também podem ver a mente em ação usando várias tecnologias de exame por imagem para revelar o que o cérebro faz em determinados momentos e em certos estados de espírito. Em consequência, neurologia e psicologia estão se aproximando e até realizando algumas iniciativas conjuntas.

Portanto, é aí que começaremos: com o que podemos aprender com o cérebro.

Questões candentes

Há duas questões muito grandes e abrangentes da psicologia que acabam invadindo o terreno da filosofia, da biologia evolutiva e da jurisprudência. A primeira: até que ponto a

O LIVRE-ARBÍTRIO É UMA ILUSÃO?

Estudos do cérebro mostraram que, quando pensamos que escolhemos com liberdade, nosso cérebro já começou a agir. Num experimento neurológico realizado em 2008, os pesquisadores usaram um aparelho de neuroimagem para medir a atividade cerebral de participantes que escolhiam se apertavam um botão com a mão esquerda ou direita. Eles descobriram que o cérebro disparava os neurônios associados vários segundos antes de os participantes acharem que tinham decidido.

Outros experimentos tiveram resultado semelhante. Quando os aparelhos de neuroimagem são usados para monitorar pessoas que acham que escolhem livremente mover partes do corpo, a área do cérebro que prepara o movimento fica ativa cerca de um segundo antes de a pessoa se mexer. A intenção consciente de se mover e o movimento em si acontecem praticamente ao mesmo tempo. Parece que, se é que temos livre-arbítrio, ele não é o que achamos que é. A sensação de decidir se mexer é nossa interpretação de algo que já aconteceu no cérebro. Parece que outra parte do cérebro da qual não temos consciência decidiu o movimento e o iniciou. Então temos a sensação de "Ah, já sei, vou mexer minha mão", mas nessa hora isso já está acontecendo.

14 INTRODUÇÃO

mente é produto da natureza (nossa herança biológica) ou resultado da criação (nosso ambiente e educação)? A segunda: até que ponto se pode dizer que temos livre-arbítrio e, consequentemente, somos responsáveis por nossas ações? As duas questões se superpõem.

Algumas perguntas feitas neste livro têm a ver com aspectos de nossa formação psicológica: até que ponto é embutida, até que ponto vem do ambiente. Tanto o capítulo 7 — *A moralidade é natural?* — quanto o 18 — *O que você vê?* — abordam isso. Parece que a estrutura básica do cérebro nos dá certos dons intrínsecos, como a capacidade de aprender a linguagem e a capacidade de interpretar o que vemos. Essas são capacidades que cada novo ser humano não precisa aprender do zero. Em outros aspectos, somos produto do ambiente. O capítulo 6 — *A atenção estraga os bebês?* — e o 17 — *Dá para identificar os psicopatas?* — abordam o modo como a criação pode afetar a saúde mental da pessoa no decorrer da vida.

Se boa parte de nosso comportamento é determinada pela química, pela estrutura cerebral ou por fatores da primeira infância sobre os quais não temos nenhum controle, podemos ser responsabilizados pelo que fazemos? Muitos sistemas jurídicos preveem que as pessoas são menos responsáveis quando consideradas mentalmente prejudicadas, mas essa é uma defesa bem específica. O psicopata com uma combinação de estrutura cerebral e criação que torne quase inevitável que mate ainda será preso e condenado por homicídio. Recentemente, a psicologia foi ainda mais além para solapar o livre-arbítrio; o conceito como um todo pode ser uma ilusão (ver o quadro da página anterior). Se as pessoas estão fadadas a seguir determinados caminhos, as questões de recompensa e punição se tornam bastante complexas.

Não tente em casa

Em geral, as perguntas feitas aqui não são relacionadas a transtornos mentais, e as respostas sugeridas não se pretendem prescritivas. Por favor, não use este livro para diagnosticar problemas mentais em você ou nos outros. O livro visa a dar uma olhada no funcionamento da mente, mas não traz respostas definitivas e não pode nem começar a cobrir todas as abordagens adotadas por psicólogos. Na mesma veia, por favor, não tente reproduzir nenhum dos experimentos descritos.

CAPÍTULO 1

O Que Podemos Aprender com o Cérebro?

Não podemos observar o cérebro funcionando, então como saber o que ele faz?

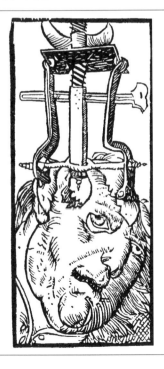
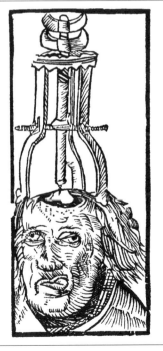

A psicologia é o estudo do que ocorre no cérebro — pensamento, aprendizagem, personalidade, sonhos, desejos, formação do caráter, determinação do comportamento e transtornos de tudo isso. Mas, ao contrário do estudo do que acontece, digamos, no coração, não há processo mecânico a observar diretamente. Assim, os cientistas tiveram de encontrar formas engenhosas de monitorar nossos processos de pensamento.

Ver os pensamentos

Nos primeiros dias da psicologia, a única maneira de olhar um cérebro diretamente era depois que o dono morresse. Todo estudo psicológico tinha de ser feito com experimentos, observações e questionários de usuários vivos do cérebro. Embora todas essas técnicas continuem utilíssimas hoje, agora temos maneiras de ver o cérebro vivo enquanto ele cumpre suas tarefas. Mas ver o cérebro provoca tantas perguntas quanto responde. Conhecer a biologia do cérebro só nos leva até certo ponto. Podemos ver que faz alguma coisa, mas ainda não podemos ver direito o que nem como faz. Podemos ver neurônios disparando quando alguém pensa, mas não podemos ver o que a pessoa está pensando, por que teve esse pensamento nem como se lembrará dele (ou se o esquecerá).

O TAMANHO É IMPORTANTE

Animal	Neurônios	Animal	Neurônios
Mosca-das-frutas	100.000	Barata	1.000.000
Camundongo	75.000.000	Gato	1.000.000.000
Babuíno	14.000.000.000	Ser humano	86.000.000.000

NEUROCIÊNCIA — O BÁSICO

O cérebro é formado por muitos neurônios (células nervosas), responsáveis por produzir a atividade neural. "Muitos" é por volta de 86 bilhões. A atividade neural inclui receber "mensagens" dos receptores dos órgãos sensoriais localizados em diversas partes do corpo e transmitir mensagens para ativar os músculos, por exemplo, em outra parte do corpo. Algumas ações, como levantar o braço, são conscientes; outras, como o batimento acelerado do coração, são inconscientes.

Partes diferentes do cérebro são responsáveis por tipos diferentes de atividade neural. As informações dos olhos são transmitidas ao córtex visual, na parte de trás do cérebro, e processadas para produzir as imagens que "vemos" na mente. As emoções, por sua vez, são processadas nas amígdalas, duas pequenas estruturas localizadas profundamente dentro do cérebro.

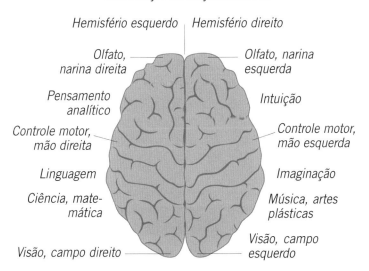

Lateralização das funções cerebrais

O que entra onde?

Durante milênios, a única maneira de descobrir que partes do cérebro eram usadas com diversas funções era observar pessoas que sofressem ferimentos na cabeça e anotar como isso afetava sua capacidade mental ou física, seu humor ou seu comportamento. As mudanças eram um bom indicador de que partes diferentes do cérebro eram responsáveis por funções diferentes (emoções, cognição, personalidade e assim por diante). O exame *post-mortem* revelava a lesão cerebral que poderia ter relação com as mudanças ou a perda da função notada na pessoa quando viva. Para adquirir noções significativas sobre o funcionamento do cérebro, os cientistas precisavam de muitos cérebros para examinar e equipamento científico sofisticado para o exame. Assim, o cérebro foi praticamente um livro fechado até o século XX. E até hoje ainda não é um livro muito aberto.

O pobre Phineas Gage

A ideia de que partes específicas do cérebro podem ser responsáveis por funções diferentes se originou com o caso clínico de um capataz de obra ferroviária chamado Phineas Gage. Em 13 de setembro de 1848, Gage foi gravemente ferido quando um ferro de socar, uma vara comprida e pontuda pesando seis quilos, foi atirado

Phineas Gage

acidentalmente através de sua cabeça. Entrou pela boche-cha e saiu pelo topo do crânio, levando consigo fragmentos do cérebro. Ele perdeu mais um pouco de cérebro quando vomitou, e "cerca de meia xícara de chá" de cérebro caiu no chão, de acordo com o médico que o atendeu. A lesão principal foi num dos lobos frontais.

Embora os amigos tivessem um caixão pronto à sua espera, extraordinariamente Gage sobreviveu. Mas sua personalidade mudou bastante por um longo período. Em vez do homem educado e amistoso que era antes do acidente, ele se tornou difícil e antissocial (embora não o personagem terrível que a lenda sugere). Sua inaptidão social se reduziu com o tempo, e ele terminou seus dias trabalhando como cocheiro de diligências no Chile. É possível que a rotina da nova vida tenha ajudado sua reabilitação, pois se descobriu que a atividade estruturada é útil no tratamento de muitos pacientes com lesão nos lobos frontais.

Duas mentes

O cérebro se compõe de duas metades ou hemisférios. Cada hemisfério contém as mesmas estruturas, e os dois se co-municam por um grosso feixe de fibras nervosas chamado *corpo caloso*.

O modo como os dois hemisférios trabalham junto foi explicado por Roger W. Sperry, neuropsicólogo que usou a técnica de cortar o corpo caloso para tratar pacientes com epilepsia grave. Parece drástico e era mesmo, mas curava a epilepsia. Depois de cortar a conexão entre os dois hemisfé-rios, a mão direita literalmente não sabia o que a mão esquer-da fazia.

22 | CAPÍTULO 1

A princípio, pareceu que a cirurgia causava pouco impacto nos pacientes além de aliviá-los da epilepsia. Mas o estudo dos pacientes de cérebro cindido logo revelou que havia outras grandes mudanças. No processo, Sperry obteve novos conhecimentos sobre o modo como as duas metades do cérebro normalmente funcionam juntas.

Ele descobriu que, se apresentasse uma imagem ao campo visual direito (processado pelo lado esquerdo do cérebro), o paciente conseguia dar o nome do objeto falando ou escrevendo, mas, se fosse apresentado ao campo visual esquerdo, não. No entanto, o paciente conseguia identificar o objeto apontando. A partir disso, Sperry concluiu que a linguagem é processada pelo lado esquerdo do cérebro.

Ele também descobriu que os objetos mostrados ao lado esquerdo do cérebro só podem ser reconhecidos por aquele lado. Se mostrasse símbolos diferentes ao campo direito e ao campo esquerdo e depois pedisse que a pessoa desenhasse o que vira, ela só desenhava o símbolo mostrado ao campo visual esquerdo. Então, se lhe perguntasse o que tinha desenhado (não o que tinha visto), a pessoa descrevia o símbolo do campo visual direito. Os objetos originalmente vistos no campo visual esquerdo eram reconhecidos se vistos novamente no esquerdo, mas não se vistos no campo visual direito.

Olhe aí dentro

Hoje, há várias maneiras de examinarmos a estrutura e a atividade do cérebro:

- A tomografia computadorizada (TC) usa raios X e um computador para produzir imagens tridimensionais do cérebro. Ela mostra a estrutura normal e pode destacar lesões, tumores e outras mudanças ou anormalidades estruturais.

- O eletroencefalograma (EEG) monitora os impulsos elétricos produzidos pela atividade cerebral. Pode revelar o estado de alerta da pessoa (dormindo, acordada e assim por diante) e mostrar quanto tempo leva para um estímulo provocar atividade cerebral ou revelar as áreas onde a atividade cerebral ocorre quando a pessoa realiza uma ação ou é exposta a um estímulo.

> *"[Cada hemisfério é] na verdade um sistema consciente por direito próprio, que percebe, pensa, recorda, raciocina, deseja e tem emoções, tudo num nível caracteristicamente humano, e [...] tanto o hemisfério esquerdo quanto o direito podem ser conscientes ao mesmo tempo de experiências mentais diferentes e até mutuamente conflitantes, que acontecem em paralelo."*
>
> Roger Wolcott Sperry, 1974

- A tomografia por emissão de pósitrons (TEP ou PET, na sigla em inglês) revela a atividade do cérebro em tempo real por mostrar onde se concentra o oxigênio ou a glicose marcados com radioatividade. Isso porque, quanto mais trabalha, mais oxigênio e glicose o cérebro usa. É útil para ver que partes do cérebro são usadas em tarefas ou funções específicas.
- A ressonância magnética (RM) combina ondas de rádio com um campo magnético poderoso para perceber tipos diferentes de tecido e produzir imagens anatômicas detalhadas do cérebro.
- A magnetoencefalografia (MEG) capta os minúsculos sinais magnéticos produzidos pela atividade neural. Atualmente, é cara e pouco usada, mas permite a indicação mais detalhada do funcionamento cerebral em tempo real.

> **VOCÊ SÓ USA 10% DO CÉREBRO?**
> Outro mito popular da psicologia é que só usamos 10% do cérebro. Na verdade, usamos o cérebro todo, embora não ao mesmo tempo. Muitos não usamos todo o potencial do cérebro na maior parte do tempo, mas todas as áreas do cérebro têm sua função e usamos essas funções no decorrer de um dia ou uma semana.
> Sempre se pode fazer mais; quando aprendemos novas habilidades, o cérebro faz novas conexões entre os neurônios para guardar conhecimentos e padrões de comportamento.

Pela primeira vez, exames mostram aos psicólogos que partes do cérebro estão envolvidas em tipos diferentes de atividade e comportamento. A comparação de exames cerebrais de assassinos psicopatas, por exemplo, mostra que todos têm anormalidades cerebrais semelhantes (ver o capítulo 17).

Conhecimento e crescimento

Em 2000, Eleanor Maguire, do University College, Londres, usou ressonância magnética para comparar o cérebro de taxistas londrinos com o de um grupo de controle de homens de idade e perfil semelhante. Os taxistas tinham passado até quatro anos decorando rotas pelas 25.000 ruas de Londres; é o que, coloquialmente, se chama o "Conhecimento".

O estudo de Maguire mostrou que o hipocampo posterior do cérebro dos taxistas é bem maior do que o hipocampo dos membros do grupo de controle. Essa pesquisa, além de indicar a importância do hipocampo na orientação e na consciência espacial, também demonstrou que o cérebro (ou, pelo menos, o hipocampo) pode se adaptar com o uso re-

O Que Podemos Aprender com o Cérebro? **25**

gular, aumentando como um músculo que se fortalece com exercícios repetidos.

Quanto mais tempo os homens tinham trabalhado como taxistas, mais marcante a diferença. Num estudo de acompanhamento, Maguire constatou que o tamanho do hipocampo voltava ao normal no cérebro de taxistas aposentados que não usavam mais o Conhecimento e, portanto, não precisavam exercitar tanto o hipocampo.

Maguire usou um jogo de computador que exigia orientar-se em Londres para ver o cérebro dos taxistas em ação. Ela descobriu que o hipocampo ficava mais ativo no início da tarefa, quando o motorista tinha de pensar na rota e planejá-la. O estudo de Maguire foi importante para mostrar a área do cérebro usada na orientação e o modo como o cérebro consegue se adaptar com o aumento dos estímulos — capacidade promissora para pessoas que sofreram lesões cerebrais e precisam de reabilitação.

> ### CÉREBRO ESQUERDO, CÉREBRO DIREITO?
>
> Na psicologia popular, é comum nos referirmos a funções ou personalidades do "cérebro esquerdo" ou do "cérebro direito". Se a metade esquerda de seu cérebro for dominante (ou assim diz a história), você será bom no pensamento lógico e analítico e mais objetivo do que um pensador do cérebro direito. Se a metade direita do cérebro estiver no comando, você será intuitivo, criativo, meditativo e subjetivo. Mas quase todas as funções são realizadas aproximadamente da mesma maneira pelas duas metades do cérebro. Onde existem diferenças, varia entre os indivíduos que hemisfério faz mais uma coisa ou outra.
>
> A única área de diferença significativa é no processamento da linguagem, como descobriu Sperry. O hemisfério esquerdo trabalha com a sintaxe e o significado da linguagem, enquanto o direito é melhor no conteúdo emocional e nas nuances.

Cérebros em vidros

Muito antes de termos tecnologias modernas de exame por imagem, os cientistas supunham que, se conseguissem olhar o cérebro de alguém, seriam capazes de ver diferenças físicas entre, por exemplo, pessoas muito inteligentes e outras de inteligência média ou entre criminosos violentos e cidadãos tementes à lei. Mas não foi tão simples assim. Por exemplo, pessoas inteligentes não têm cérebro maior, como seria de esperar.

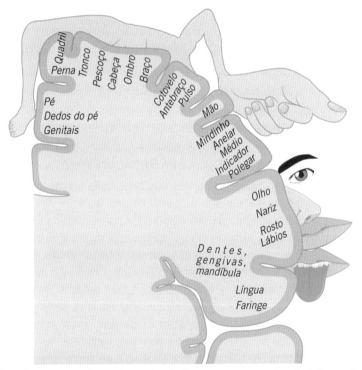

Este diagrama mostra as áreas do cérebro que correspondem às informações sensoriais de diversas partes do corpo. O tamanho relativo das várias partes do corpo mostra o quinhão do cérebro envolvido no processamento das mensagens recebidas, e assim a mão é muito maior do que o pé nesta imagem.

O Que Podemos Aprender com o Cérebro? | **27**

Quando Albert Einstein morreu em 1955, seu cérebro foi removido, examinado, fotografado e armazenado; depois, sumiu durante vinte anos até ser redescoberto em 1978. O cérebro tinha sido cortado em 240 pedaços para exame microscópico. Não havia nenhuma diferença de tamanho entre o cérebro de Einstein e o cérebro "normal" (isto é, o cérebro de pessoas que não são físicos premiados com o Nobel), mas havia algumas diferenças estruturais. Falta ao cérebro de Einstein algumas características do cérebro normal, e já se sugeriu que isso pode ter ajudado a facilitar as conexões neurais. O lobo parietal inferior do cérebro de Einstein era 15% mais largo do que o de outros cérebros; essa área é usada no pensamento matemático, na visualização do movimento e na cognição espacial e visual. Também havia mais conexões do que é comum entre as partes de seu cérebro.

Olhar o cérebro dos mortos também nos ajuda a entender as doenças mentais. O cérebro de pessoas que tiveram doença de Alzheimer mostra perda e encolhimento de tecidos.

Com os exames cerebrais, podemos ver quando as pessoas estão pensando ou sonhando, que parte do cérebro trabalha em atividades diferentes e se há anormalidades ou lesões cere-

---

PENSE SÓ!

Aparelhos de interface cérebro-máquina captam as ondas cerebrais e as levam diretamente para um computador. Com esses aparelhos, foi possível treinar macacos para mover coisas usando apenas o pensamento. Nesses experimentos, os braços do macaco foram presos, e um sensor com a largura de um fio de cabelo foi implantado no cérebro. O sensor detectou os sinais que, normalmente, iriam para o braço do macaco e os usou para controlar um braço robótico. Esse sistema ainda não é considerado seguro para seres humanos.

28 | CAPÍTULO 1

brais. Mas ainda não podemos ver *o que* as pessoas estão pensando. Embora trouxesse consequências graves para a privacidade pessoal, ver os pensamentos dos outros poderia ser muito útil para pessoas paralisadas e incapazes de se comunicar.

Mente e corpo: quem manda?

Descartes se engalfinhou com o problema da interação entre mente e corpo: como a intenção mental de levantar a mão se traduzia na ação propriamente dita. Na verdade, parece que o cérebro tem muito mais controle sobre o corpo do que isso. Um dos transtornos mentais mais estranhos é a rara síndrome de Cotard. Quem sofre dessa doença terrível acredita que está morto. Até o surgimento dos exames cerebrais por imagem, não havia explicação de como isso podia acontecer. Mas pesquisas recentes revelaram algumas pistas. Parece que, na síndrome de Cotard, o vínculo entre os sentidos e o sistema límbico e as amígdalas, responsáveis pelas emoções, está totalmente ausente. A consequência é que nada que o doente veja, ouça, cheire ou toque provoca reações emocionais. A única maneira que a pessoa encontra para racionalizar seu completo não envolvimento com o mundo é concluindo que está morta. Algo que parece prova incontestável de loucura (um termo nada útil no melhor dos casos) tem base racional, com o cérebro buscando indícios produzidos pelo eu danificado e chegando à conclusão que parece se encaixar em todos os aspectos menos um.

Desconexão temporária

De acordo com o neurocientista Vilayanur S. Ramachandran, o sentimento extremado de despersonalização e desrealização de pessoas com depressão e transtornos de ansiedade pode ser causado por um mecanismo semelhante, mas em menor escala. Uma desconexão temporária pode explicar o fenômeno bem documentado de pessoas que não sentem ou não tomam consciência de lesões traumáticas em ocasiões muito estressantes. Numa emergência, as amígdalas se desligam, e o córtex cingulado anterior, localizado no fundo do cérebro, fica hiperativo. Essa estrutura nos mantém alertas e nos ajuda a ter a reação correta numa dada situação. Às vezes, esse truque do cérebro é evidente em soldados em combate, que não sentem quando a perna explode.

Na saúde e na doença

Todos já ouvimos falar de doenças psicossomáticas — problemas de saúde para os quais não há causa física. Há muitos sintomas associados ao estresse, à depressão e à emoção extrema, como dor de cabeça, vômitos, dor de barriga e dores musculares. Também conhecemos o efeito placebo de tratamentos que não têm componentes farmacológicos ativos, mas mesmo assim fazem as pessoas melhorarem. É bem documentado que, quando acreditam que estão recebendo um remédio potente ou eficaz, as pessoas geralmente melhoram, mesmo que só tomem comprimidos de açúcar. Muita gente desconfia que pelo menos algumas terapias alternativas funcionem por meio do efeito placebo — quando funcionam.

Talvez um indício ainda mais surpreendente e cativante de que o cérebro consegue controlar o corpo vem do inverso do efeito placebo, o chamado "efeito nocebo". É quando uma doença ou até a morte é provocada por uma substância inofensiva só porque a pessoa espera que haja um efeito prejudicial. Cerca de 25% das pessoas que recebem placebo num estudo de medicamentos desenvolverão os efeitos colaterais que lhes dizem que teriam com o medicamento real.

... principalmente na doença

As pessoas que morrem depois de amaldiçoadas são um ótimo exemplo do efeito nocebo em ação. Por exemplo, o praticante de vudu que acredita na eficácia da maldição geralmente morre quando amaldiçoado, mesmo que não haja razão física. Muitos médicos notaram que alguns pacientes morrem logo depois de receber um prognóstico negativo, muito antes do que provavelmente morreriam da doença em si. Num caso, um rapaz envolvido no estudo de um medicamento tomou uma overdose (29 cápsulas) do que achava ser um antidepressivo e ficou gravemente enfermo. Quando lhe disseram que estava no grupo de controle e tomava um placebo inofensivo, ele rapidamente melhorou. Houve até sugestões de que os avisos de saúde na embalagem de cigarro podem deixar os cigarros mais perigosos.

CAPÍTULO 2

O Que nos Move?

A primeira meta do cérebro é nos ajudar a sobreviver. Depois disso, ele busca outras necessidades.

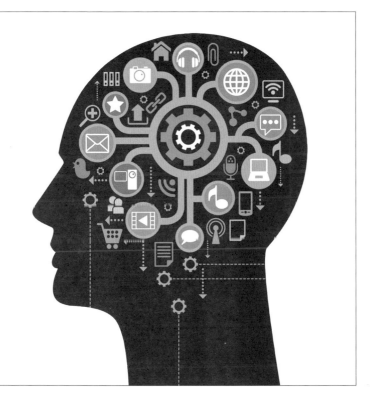

32 | CAPÍTULO 2

Por que você faz o que faz? Há muitas motivações diferentes. Você prepara o café da manhã porque está com fome e vai trabalhar porque precisa do dinheiro. Mas, depois de satisfazer as necessidades básicas, provavelmente você passa a fazer coisas que acha que o deixarão feliz.

A pirâmide de Maslow

Em 1954, o psicólogo americano Abraham Maslow publicou um diagrama que, segundo ele, explicava a motivação humana. A "pirâmide das necessidades" (ver a página ao lado) mostra a hierarquia das necessidades que precisam ser satisfeitas. De acordo com Maslow, a satisfação dessas necessidades é a motivação de todas as realizações humanas. Quando uma é satisfeita, passamos à próxima, na ordem.

Comida e água

Na base da pirâmide de Maslow estão as necessidades físicas mais fundamentais: comida, água, sono, ar e as funções corporais básicas (que incluem o sexo, o que é interessante.) Depois de satisfeitas essas necessidades básicas, as pessoas avançam para tentar satisfazer a necessidade de segurança. Não é só a segurança física, mas a sensação de segurança que vem de ter um emprego estável, uma casa que não lhe será tomada e um grau razoável de confiança de que você não vai morrer de enfarte a qualquer minuto (como aconteceu com Maslow).

Você e eles

No próximo nível da pirâmide estão as necessidades mais ligadas a nosso lugar em relação aos outros. A necessidade

Embora os psicólogos tenham se afastado bastante da pirâmide de Maslow, ela ainda é muito citada na sociologia e nos estudos sobre administração e negócios.

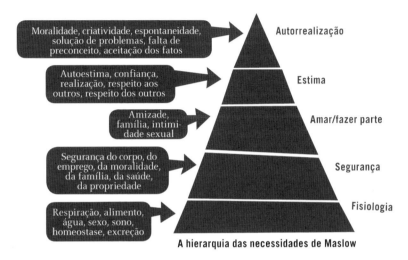

A hierarquia das necessidades de Maslow

de amor e de pertencer a um grupo é satisfeita por família, amigos e intimidade sexual. O nível seguinte é a necessidade de ser bem visto pelos outros. Isso é estima e respeito e inclui autoestima e confiança. O pináculo da pirâmide é a "autorrealização", em que as pessoas se sentem realizadas e se tornam quem queriam ser (ver o capítulo 15).

Atos e motivação

Maslow propunha que essa hierarquia das necessidades motiva o comportamento humano. Quando estamos com fome, primeiro procuraremos o que comer. Se não dormirmos direito, a necessidade de dormir dominará nosso comportamento enquanto tentamos obter tempo e espaço para descansar. Assim que uma camada de necessidades é satisfeita, somos motivados a satisfazer primeiro a seguinte. Maslow afirmava que não podemos lidar com essas necessidades fora da sequência; só é possível avançar para a necessidade, digamos, de segurança no emprego depois de termos água e comida suficientes.

Só quando todas as necessidades inferiores foram satisfeitas buscaremos satisfazer a necessidade de autorrealização. Em consequência, como muita gente não consegue satisfazer as necessidades inferiores, pouquíssimos de nós, talvez apenas 1% ou 2%, se realizarão. É uma possibilidade bastante deprimente, que deve ter desapontado Maslow. Mas será verdade?

O que há de novo?

Durante milênios, a filosofia e a religião instigaram os impulsos que Maslow identificou como necessidades mais elevadas contra os que ele considerou inferiores. A dinâmica

A PSICOLOGIA HUMANISTA DE MASLOW

Abraham Maslow (1908-1970) nasceu em Nova York, o caçula de sete filhos. Foi classificado como mentalmente instável, sofreu agressões e preconceito antissemita e teve um relacionamento dificílimo com a mãe, de quem não gostava e que não respeitava. Mais tarde, trabalhou na Universidade de Colúmbia com o psicólogo Alfred Adler (um dos primeiros colegas de Sigmund Freud), que se tornou seu mentor. Maslow decidiu trabalhar com a psicologia da mente saudável em vez da prática mais comum de trabalhar para entender e remediar os transtornos da psique (psicopatologia). Ele resolveu descobrir o que motiva as pessoas e quais são as fontes e impulsos da força e da realização pessoal — estudo que chamou de "psicologia humanista".

Seu trabalho sobre a hierarquia das necessidades, a autorrealização e as experiências de pico foi muito influente.

central entre eles era de conflito, não de progressão. Maslow foi incomum ao admitir a importância e até a primazia das necessidades que exemplares como Diógenes queriam negar ou suprimir. Para Maslow, coisas maiores se tornavam possíveis quando as necessidades físicas eram satisfeitas em vez de evitadas.

Quem, quando, onde?

Maslow elaborou sua hierarquia das necessidades depois de estudar e ponderar uma amostra limitada de pessoas. A hierarquia é parcial com as preocupações dos homens brancos americanos. De acordo com as regras de Maslow, Jesus Cristo não teria atingido a autorrealização: nascido num estábulo, com pais pobres e comprometido com a castidade, ele cairia no primeiro obstáculo. Em termos mais gerais, a hierarquia de Maslow não é aplicável a culturas ou sociedades muito diferentes em diversos tempos e lugares. Os Estados Unidos da década de 1950 eram uma sociedade

NECESSIDADES E DESEJOS

A diferença entre necessidade e desejo é que a necessidade é finita e quantificável, e o desejo, não. Quando nossas necessidades básicas são satisfeitas, podemos passar a outra meta; portanto, quando temos ar, comida e água suficientes, não precisamos de muito mais. (Embora possamos gostar de um tipo de alimento diferente ou de uma fatia a mais de pudim, não necessitamos disso.) Os desejos são infinitos. Podemos querer um celular; quando o conseguirmos, podemos querer um melhor, ou também uma câmera ou um carro grande. Os desejos são insaciáveis, pois sempre há mais coisas para desejar.

36 | CAPÍTULO 2

individualista. Como essa pirâmide funcionaria numa sociedade coletivista em que as pessoas tendem, não ao desenvolvimento pessoal próprio, mas ao bem do grupo familiar ou da sociedade como um todo?

É claro que, mesmo numa sociedade individualista, algumas necessidades podem ser puladas e as pessoas ainda conseguem atingir a autorrealização. Houve incontáveis pessoas criativas que viveram na doença ou na pobreza, sem segurança física nem social e que, mesmo assim, foram capazes de produzir obras maravilhosas: Beethoven era surdo, Soljenitsin foi preso, Marie Curie estava morrendo de doença da radiação e Freddie Mercury, de AIDS, só para citar alguns. Adversidades como essas podem até ser um estímulo para a autorrealização.

Alguns estudos que compararam a percepção das necessidades nos EUA e no Oriente Médio, em tempos de guerra e de paz, mostraram diferenças significativas da priorização das necessidades. Algumas delas também mudam com a idade: as crianças priorizam as necessidades físicas e a necessidade de amor, adolescentes e adultos jovens se preocupam mais com a estima.

Mais ou menos pirâmides?

Nas décadas de 1960 e 1970, a pirâmide de Maslow foi expandida para sete ou até oito níveis. Os novos níveis eram as necessidades cognitiva e estética, encaixadas abaixo da autorrealização, e a necessidade de transcendência (bem típica da década de 1960), colocada na camada superior. A necessidade cognitiva é a exigência de conhecimento e significado; a estética está ligada à apreciação da beleza, da forma e do equilíbrio; a transcendência diz respeito à promoção da autorrealização nos outros.

> **ESTOICOS E CÍNICOS**
>
> Os movimentos filosóficos do Cinismo e do Estoicismo, ao lado de algumas religiões orientais, traçam um caminho para a tranquilidade, a iluminação e a autorrealização que contorna muitas "necessidades" que Maslow dizia que tinham de ser satisfeitas. Eles tendem à crença de que a realização vem de elevar-se acima das necessidades (em vez de satisfazê-las). A pessoa que consegue aprender a não se perturbar com necessidades insatisfeitas gozará de uma vida mais tranquila e satisfatória do que aquela que vive se esforçando atrás da próxima promoção, da TV maior e da conta bancária mais gorda.

ERC-onomia

O psicólogo americano Clayton Paul Alderfer (1940-2015) desenvolveu a pirâmide de Maslow de um jeito um pouco diferente e classificou as necessidades como promoção de existência, relacionamento e crescimento (ERC ou ERG, na sigla em inglês). Ele acreditava que o nível inferior do esquema de Maslow dizia respeito à "existência" física. Classificou as necessidades ligadas ao lugar na sociedade e às relações com os outros como "relacionamento". A necessidade de autoestima e autorrealização foi rotulada de "crescimento".

Alderfer abriu espaço em seu esquema para a regressão. Se uma necessidade de nível mais alto não for satisfeita, o indivíduo descerá a escada e redobrará seu esforço em nível mais baixo na esperança de satisfazer uma necessidade mais alta. Podemos ver isso todos os dias em pessoas que acham que ficarão felizes e satisfeitas se ganharem mais e gastarem mais em "coisas" sortidas. A tentativa de satisfazer necessidades espirituais com a aquisição de bens físicos está condenada ao fracasso.

Tudo é bom

Enquanto alguns psicólogos enfiavam novas camadas na pirâmide de Maslow, outros se interessavam em demoli-la. Em seu lugar, vieram sistemas que propunham um plano de necessidades mais horizontal. O economista e ambientalista alemão de origem chilena Manfred Max-Neef propôs uma taxonomia de necessidades humanas que ele considera inter-relacionadas e interdependentes. Ele classifica as necessidades humanas da seguinte maneira:

• subsistência • proteção • afeto • compreensão •
participação • lazer • criação • identidade • liberdade

Ele as encaixou nas categorias de ser (qualidades), ter (coisas), fazer (ações) e interagir (ambientes) e desenvolveu uma matriz com 36 itens.

Essas necessidades humanas fundamentais não têm de ser satisfeitas em nenhuma ordem específica, e a satisfação de algumas auxiliará a satisfação de outras. Elas não formam uma hierarquia, mas para uma sociedade prosperar as pes-

---

SEXO E VIOLÊNCIA SOB CONTROLE

Sigmund Freud, o pai da psicanálise, dividia a psique em três níveis: o id, o eu e o supereu. O id eram os instintos, paixões e fomes irrestritos. Era mantido em ordem pelo eu, que negociava o caminho do id pelo mundo para evitar excesso de conflito. O supereu era algo como a consciência e podia impedir que algumas instigações mais estranhas do id se realizassem. O id, então, é a principal força motivadora, e o eu e o supereu o mantêm sob controle.

soas têm de sentir que todas essas necessidades são satisfei-tas. Satisfazê-las dá à comunidade um modo de identificar e medir suas "riquezas" e "pobrezas".

SATISFAÇÃO DE NECESSIDADES

Max-Neef classificou seis tipos de "satisfatores" ou métodos de satisfazer (ou de não satisfazer) necessidades. Eles são:

- Violadores: esses afirmam satisfazer uma necessidade, mas pioram a situação. Um exemplo seria andar com uma arma para satisfazer a necessidade de segurança pessoal.
- Pseudossatisfatores: esses afirmam satisfazer uma necessidade, mas têm pouco ou nenhum efeito real. Um exemplo seria usar roupas de marca para obter uma sensação de identidade, embora a identidade pertença à roupa, não a você.
- Satisfatores inibidores: esses supersatisfazem uma necessidade e, em consequência, tornam mais difícil satisfazer outras. Se forem superprotetores, por exemplo, os pais podem dificultar que os filhos desenvolvam identidade, compreensão e afeto.
- Satisfatores singulares: esses satisfazem uma única necessidade e não causam impacto em outras. Por exemplo, fornecer auxílio alimentar a pessoas famintas ajuda a satisfazer a necessidade de comida, mas não resolve a necessidade de moradia ou de aquecimento nem melhora sua probabilidade futura de segurança alimentar.
- Satisfatores sinérgicos: esses satisfazem uma necessidade específica e também ajudam a satisfazer outras. Por exemplo, oferecer refeições nutritivas na escola dá comida à criança e também ajuda a construir conhecimento sobre alimentação saudável e a promover a noção de comunidade.

CAPÍTULO 3

Você Não Tem Opinião Própria?

Você sabe o que pensa, não sabe?
É surpreendente como é fácil convencer as pessoas a mudar de ideia.

42 | CAPÍTULO 3

Imagine o seguinte: você está assistindo a um programa de talentos na TV e todo mundo torce por um artista de quem você não gosta. Você vai combater a tendência e criticar o favorito? Ou vai com o fluxo e talvez até decida que o sujeito não é tão ruim assim? Afinal de contas, se seus amigos gostaram da apresentação, talvez você esteja deixando de ver alguma coisa...

Experimentos de psicologia indicam que somos menos resistentes à pressão para nos ajustar do que acreditamos. Acompanhamos a opinião dos outros mesmo quando não há custo material em não agir de acordo. Então por que você é massinha de modelar nas mãos deles?

O experimento de conformidade de Asch

Em 1951, o psicólogo Solomon Asch (1907-1996), de origem polonesa, realizou uma experiência arrojada sobre a conformidade no Swarthmore College, na Pensilvânia. Na parte principal do experimento, um participante foi posto junto com sete pessoas apresentadas como voluntários, mas que na verdade eram auxiliares de Asch que trabalhavam segundo um roteiro combinado.

Mostraram dois cartões ao grupo. Um mostrava uma única linha. O outro mostrava três linhas de comprimento diferente, uma das quais era igual à linha do primeiro cartão. Pediram ao grupo que dissesse qual das três linhas, marcadas como A, B e C, eram iguais à linha única. Esse teste foi repetido muitas vezes. No primeiro conjunto de testes, os auxiliares de Asch deram a resposta certa. Depois, todos deram a mesma resposta errada. Todos os auxiliares respondiam primeiro. Asch estava interessado em ver se os voluntários seriam influenciados pelas respostas erradas dadas pelos outros.

Na experiência de controle, o voluntário tinha de responder sem que houvesse mais ninguém presente e, portanto, sem pressão para se ajustar. No controle, os voluntários deram a resposta errada menos de 1% das vezes. Isso mostrou que a tarefa não era muito difícil.

Nos estudos genuínos, quando os auxiliares deram a resposta errada, os voluntários também deram 33% das vezes, e 75% dos voluntários deram a resposta errada pelo menos uma vez. Depois, Asch entrevistou os participantes, descreveu a verdadeira natureza da experiência e observou como eles explicavam seu comportamento.

Na linha certa?

As pessoas que se ajustaram à resposta do grupo, estivesse correta ou não, podem ter:

- acreditado que a resposta incorreta era a verdadeira (relativamente poucos ficaram nesse grupo)
- chegado a um ponto em que perceberam que deviam estar errados, porque todo mundo concordara com outra resposta ("distorção da avaliação")
- percebido que todo mundo dava a resposta errada, mas concordaram com ela para não serem diferentes nem parecerem inferiores ("distorção da ação").

Mais pessoas decidiram que deviam estar erradas quando todos concordaram com uma resposta diferente. Isso as pôs no grupo da "distorção de avaliação".

Entre os que não se ajustaram, as pessoas podiam:

- agir com confiança na discordância, ainda que sentissem algum conflito

- agir de maneira reservada, sem conflito
- mostrar dúvida, mas ainda dar a resposta que achavam verdadeira, por sentir que precisavam cumprir a tarefa adequadamente

Entre no clube... por algum tempo

Em variações desse experimento, Asch descobriu que havia menos conformidade quando uma das outras pessoas dava a resposta correta ou quando os participantes registravam a resposta por escrito em vez de dizê-la em voz alta. Isso indica que não queriam parecer bobos diante dos outros participantes dando a resposta "errada", e assim acompanharam o grupo em vez de se esforçar para descobrir a resposta ou discordar do veredito da maioria.

Asch citou seus resultados como prova da influência social normativa; isto é, as pessoas tendem a se ajustar publicamente à decisão ou opinião da maioria para serem aceitas pelo grupo, mesmo que, particularmente, discordem dela. Mas o psicólogo social John Turner argumentou que os participantes revelaram nas entrevistas que realmente tinham incerteza genuína sobre a resposta correta. A resposta podia ser óbvia para os pesquisadores, mas não necessariamente para os participantes (embora, olhando os cartões, seja difícil ver como alguém poderia errar genuinamente a resposta). Eles realmente duvidavam da

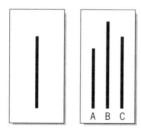

Os participantes do experimento de Asch tinham de dizer que linha do cartão da direita era igual à linha do cartão da esquerda.

resposta ou estavam tentando se convencer de que duvidavam, preferindo se ver como ruins para comparar linhas do que acompanhar uma má decisão? Turner desenvolveu a teoria da autocategorização, que trata de como nos vemos e de como interpretamos nossas próprias ações.

A pressão dos pares

O experimento de Asch lidava com a pressão dos pares. Essa é a pressão que todos sentimos para nos ajustar às normas de nosso grupo social. Não é só a publicidade que nos faz comprar uma marca específica de tênis ou celular. Também somos influenciados pelas pessoas em volta que a usam. Se, num grupo social que respeitamos, a que pertencemos ou no qual queremos entrar, todos escolheram um produto específico, sem dúvida essas pessoas com discernimento devem estar certas. A pressão dos pares deveria explicar por que os jovens começam a fumar ou se envolvem com sexo precoce ou *cyberbullying*.

Os anunciantes promovem uma imagem de pessoas bem-sucedidas/atraentes/inteligentes "como você" comprando e usando seus produtos, e mesmo que as pessoas próximas não usem, você se considerará isolado caso não se ajuste. Você é uma pessoa atraente e inteligente, não é? Então por que não tem o relógio, o carro ou o celular que é o emblema de sua tribo? Exige certa autoconfiança comprar um celular barato e deselegante quando todos que você conhece possuem o último modelo mais esguio. A pressão dos pares também é aproveitada de forma cínica e deliberada em outras áreas da vida. Os empregadores realizam exercícios para formar relacionamentos, como acampamentos de sobrevivência no fim de semana, festas e outros eventos sociais para promover nos funcionários a crença de que estão entre

> **QUEM PRESSIONA QUEM?**
>
> Quando pensamos na pressão dos pares, tendemos a imaginar "pares" pondo pressão em alguém para fazer algo — fumar um cigarro, por exemplo, ou beber. Isso acontece, mas com mais frequência a pressão vem de nós mesmos. Queremos fazer parte do grupo que pratica proezas perigosas ou dá festas com drogas porque essas pessoas são bacanas e queremos ser considerados bacanas e nos ver como bacanas. A pressão interna é mais convincente do que a pressão externa — e potencialmente muito mais perigosa.

amigos, não só entre colegas de trabalho. Se você sentir que pertence a um grupo no qual os outros membros chegam cedo e trabalham muito, é provável que faça o mesmo.

Nada muito grave

O experimento de Asch não foi sinistro. Não exigiu que os participantes fizessem nada imoral nem mesmo muito desconfortável.

O pior que um não conformista poderia esperar era ser ridicularizado por desconhecidos, e o pior que um conformista poderia esperar era a vergonha quando a verdadeira natureza do experimento fosse revelada. Mas é fácil subestimar o poder da pressão dos pares. Até que ponto as pessoas iriam para se ajustar, para fazer parte de uma tribo? Parece que fariam coisas que antes considerariam impensáveis.

A Terceira Onda

Em 1967, em Palo Alto, na Califórnia, o professor de história Ron Jones teve dificuldade de convencer seus alunos do ensino médio da facilidade e da rapidez com que o fascismo lançou raízes na Alemanha nazista. A seu crédito, os alunos achavam difícil acreditar que cidadãos alemães comuns e inteligentes tivessem comprado uma ideologia que levou às câmaras de gás e ao desejo de um Reich de dez mil anos. Para provar seu ponto de vista, Jones abandonou os métodos de ensino costumeiros.

Ele inventou um movimento que chamou de Terceira Onda e disse aos alunos que a meta era derrubar a democracia. Talvez você ache que isso afastaria os alunos, mas Jones fez uma defesa convincente e disse que traria um padrão de desempenho mais alto e mais recompensas para os indivíduos. O problema da democracia, disse ele, era que ela se concentrava no indivíduo e reduzia a força do grupo.

Uma ladeira escorregadia

No primeiro dia do experimento, Jones insistiu que os alunos se levantassem para perguntar ou responder; disse-lhes que abrissem cada fala chamando-o de Sr. Jones, atribuiu seus lugares de acordo com um plano fixo e impôs uma disciplina estrita na classe. Ele agiu como um personagem autoritário e melhorou consideravelmente a eficiência da turma. A princípio, pensara em interromper o experimento depois do primeiro dia. Mas tudo ia bem, e ele avançou um pouco mais.

No segundo dia, ele apresentou uma saudação e exigiu que os alunos se cumprimentassem com ela, mesmo fora da aula. Todos obedeceram. O grupo desenvolveu coerência e autodisciplina espantosas. As pessoas gostam de participar, e quanto mais especial parece o grupo, mais elas querem. No terceiro dia, o "movimento" se espalhou além da aula de história, com outros alunos pedindo para entrar. O desempenho acadêmico e a

48 | CAPÍTULO 3

motivação de todos os membros melhorou drasticamente. Jones atribuiu aos membros tarefas individuais, como projetar uma bandeira, e lhes mostrou como iniciar novos membros. Disse-lhes que excluíssem de sua sala de aula quem não fosse membro. No fim do terceiro dia, havia duzentos membros (a coisa começara com os trinta membros da turma de Jones). Alguns começaram a dedurar espontaneamente os alunos que não cumpriam as muitas regras. O movimento passara a se autopoliciar.

> *"Força pela disciplina, força pela comunidade, força pela ação, força pelo orgulho."*
>
> Lema do grupo
> Terceira Onda de Jones

Ladeira abaixo

No quarto dia, Jones sentiu que o experimento estava saindo do controle e decidiu acabar com ele. Disse a todos os membros que o movimento fazia parte de uma iniciativa nacional que seria anunciada no dia seguinte e que eles deveriam comparecer a um comício ao meio-dia para assistir a uma transmissão do candidato presidencial do movimento. Quando os alunos apareceram no comício, Jones lhes disse que tinham participado de um experimento sobre o fascismo e que todos, rapidamente e de boa vontade, tinham se unido a um grupo convencidos da própria superioridade. Então, ele passou um filme sobre a Alemanha nazista.

Quem você pensa que é?

De acordo com a psicóloga Wendy Treynor, o "efeito de mudança de identidade" está em ação quando cedemos à pressão dos pares. Para começar, tememos a rejeição so-

Você Não Tem Opinião Própria? | 49

cial quando nosso comportamento não segue o padrão de comportamento do grupo. Quando ajustamos nosso comportamento, nos sentimos pouco à vontade, porque agora nosso comportamento não combina com nossas crenças ou padrões. Essa é a dissonância cognitiva (ver o capítulo 24). Para resolver o conflito interno, ajustamos nossos padrões para que combinem com os que adotamos recentemente. Isso nos devolve ao estado harmonioso sem conflitos internos nem externos e ao estado feliz de nos encaixarmos entre nossos pares. Todo mundo fica feliz; às vezes, são nazistas felizes.

CAPÍTULO 4

Todos Por um ou um Por Todos?

As pessoas são naturalmente egoístas ou naturalmente generosas? Ou a generosidade é outra forma de egoísmo?

52 | CAPÍTULO 4

Se deixados por conta própria, seríamos bondosos uns com os outros ou violentos e egoístas? A biologia e o princípio do gene egoísta podem defender os dois lados — é bom para você, como indivíduo, promover sua causa e a de sua família (seus genes); mas, para a espécie como um todo, é melhor sermos altruístas e cooperativos.

Seres humanos selvagens

Se fôssemos capazes de investigar seres humanos "selvagens", poderíamos examinar o comportamento inato sem a crosta de amenidades sociais formada durante milênios. Mas não podemos, e até os antropólogos do século XX que estudaram sociedades não industrializadas ainda as olhavam com regras que reforçavam ou obscureciam o comportamento que poderia ser natural. Mesmo assim, os seres humanos são animais, e podemos examinar outros animais para ver se a empatia e o altruísmo são características que ocorrem naturalmente. Se os outros animais forem naturalmente prestativos e até altruístas, talvez se conclua que as pessoas também são.

Os ratos são mais bondosos que você?

Tendemos a pensar em ratos como sujos, cruéis e transmissores de doenças. Mas eles (também) são inteligentes e altruístas. Um estudo de 1958 constatou que, se apertassem uma alavanca para obter comida e outro rato levasse um choque elétrico, os ratos passariam fome.

Em 1967, um estudo mais sofisticado explorou isso melhor. Uma gaiola tinha duas alavancas para fornecer comida, uma fácil de operar e outra que era muito difícil. Sensatamente, os ratos usaram a fácil. Mas quando o sistema mudou, de modo que um segundo grupo de ratos recebia um

EXPULSOS DA CAVERNA?

Se os seres humanos tivessem naturalmente a atitude "um por todos", esperaríamos que os indivíduos que não fossem mais úteis ao grupo fossem excluídos de sociedades com recursos escassos. Mas indícios de que a atitude "todos por um" prevaleceu mostram que não é assim. Acharam-se restos de moradores de cavernas pré-históricas com sinais de lesões ou deficiências graves que os impediriam de obter ou preparar alimento ou cumprir tarefas essenciais. Algumas dessas pessoas foram claramente cuidadas até a velhice ou por um tempo considerável depois que a deficiência surgiu.

Um homem entre 20 e 30 anos, enterrado no norte do Vietnã há quatro mil anos, tinha deficiências graves causadas por uma doença genética que teria começado na adolescência. O fato de ter sobrevivido durante dez anos até a idade adulta provou que os outros cuidaram dele. O esqueleto de 45.000 anos de um homem com deficiência grave, encontrado no Iraque, e o crânio de uma criança com lesão cerebral que viveu na Espanha 530.000 anos atrás também mostram que o "cuidado da comunidade" existe há muitíssimo tempo.

Esqueleto de um deficiente físico pré-histórico encontrado no norte do Vietnã. Os arqueólogos concluíram que ele teria pouco ou nenhum uso dos braços e seria incapaz de se alimentar. Ele só sobreviveu até a idade adulta porque recebeu cuidados de outros membros de sua comunidade.

choque elétrico quando a alavanca fácil era usada, os ratos cooperaram para usar a alavanca difícil.

Em 2011, um estudo feito em Chicago constatou que o altruísmo dos ratos ia ainda mais longe. Com a opção de operar uma alavanca para libertar um rato preso ou ter acesso a chocolate, os ratos libertaram o rato preso. Depois, dividiram o chocolate com o rato que ajudaram a soltar. Os ratos poderiam ter comido o chocolate primeiro e depois libertado o outro rato, mas escolheram a opção de dividir.

> *"Ela é tão boa amiga que jogaria todos os conhecidos na água pelo prazer de tirá-los novamente de lá."*
>
> Charles Maurice de Talleyrand
> (1754-1838)

O altruísmo é bom para nós?

Os macacos passam muito tempo catando uns aos outros. Esse ato aparente de gentileza tem benefícios óbvios para a comunidade. Ajuda a construir laços entre os indivíduos e torna a comunidade mais forte. Reduz a população de parasitas, deixa a comunidade mais saudável e beneficia cada indivíduo. Mas há mais.

Alguns cientistas sugeriram que o altruísmo dos animais (e dos seres humanos) pode tornar um indivíduo atraente para o parceiro sexual. Além de bondosos, têm recursos para dividir. Um parceiro com tempo para catar os irmãos deve ser bom para achar comida.

Stuart Semple, da Universidade de Roehampton, em Londres, estudou o estresse e os hábitos de limpeza dos macacos da Berbéria. Ele descobriu que os macacos que catam os outros têm um nível de estresse mais baixo do que os que não catam. Não se sabe se os macacos já tranquilos e não estressados têm mais probabilidade de catar os vizinhos ou se a catação produz macacos mais tranquilos e desestressados; a causa e o efeito desse estudo exigem mais pesquisas.

CAPÍTULO 5

Quem se Importa com o Que as Celebridades Pensam?

Só porque uma pessoa canta bem não significa que entenda de política.

56 | CAPÍTULO 5

Os cantores são famosos e bem-sucedidos porque cantam bem, os atores porque representam bem, os desportistas porque jogam bem e os modelos porque têm boa aparência. Quando se quer um exemplo de como cantar, representar, jogar ou ser bonito, não há opção melhor. Mas por que deveríamos nos interessar pelo que pensam sobre política, caridade, criação de filhos, dietas, culinária ou qualquer uma das outras questões sobre as quais tantos deles falam ou se pronunciam? Nosso fascínio pela opinião e pelas escolhas de vida das celebridades se chama "efeito de halo".

Ele parece um bom homem...

Em 1920, o psicólogo americano Edward Thorndike publicou seus achados sobre como os oficiais comandantes classificavam os soldados a eles subordinados. Os oficiais tinham de avaliar as qualidades físicas (como limpeza, voz e postura), o intelecto, a capacidade de liderança e as qualidades pessoais (como confiabilidade, lealdade e altruísmo) de seus homens. Tendiam a achar seus soldados bons em tudo ou muito ruins em tudo. Não houve muitos casos de oficiais classificando bem os soldados em alguns atributos e mal em outros.

Parece que temos a tendência de generalizar de um atributo a outros, e assim uma opinião positiva sobre alguém provavelmente se estenderá a todas as áreas de sua personalidade. Por outro lado, se ficamos contra alguém, vamos supor que essa pessoa é totalmente ruim. Isso não inclui somente características relacionadas (se alguém for mau e egoísta, parece sensato supor que seja imprestável e mesquinho), mas se estende a aspectos não relacionados (como supor que, por ser egoísta, também lhe faltará inteligência). É uma tendência que pode até misturar atributos físicos e psicológicos. Por exemplo, não gostar da voz ou do sotaque de alguém ou achar que é fisicamente atraente ou repulsivo pode afetar o modo como vemos seu caráter.

Você compraria roupa de baixo de David Beckham?

Os anunciantes aproveitam o efeito de halo quando usam celebridades para endossar seus produtos. Alguns endossos fazem sentido: se um atleta de sucesso anuncia tênis de corrida, há boas razões para supor que ele saiba o que é um bom tênis de corrida. (Embora seja mais provável que ele simplesmente saiba o que é um bom milhão de dólares.) Mas por que seria provável que tivéssemos o mesmo gosto em, digamos, roupa de baixo?

VOTE EM REAGAN — MAS POR QUÊ?

Às vezes, os atores se tornam políticos. Alguns atores são pessoas genuinamente inteligentes e se tornam bons políticos, mas nem sempre é assim. Durante seu mandato como presidente americano, Ronald Reagan foi ridicularizado pela aparente burrice e preguiça; foi pego dormindo em conferências importantes e registrado dando informações tão erradas que eram risíveis. Essas características ficaram evidentes quando foi governador da Califórnia, mas mesmo assim ele foi indicado candidato e eleito presidente americano. Por quê? Porque as pessoas gostavam de seus filmes, sua familiaridade e seus modos, e supuseram que ele seria um bom presidente. No fim das contas, no governo Reagan os EUA passaram por um período de prosperidade econômica e segurança nacional, com baixo desemprego; nele também acabou a Guerra Fria.

CAPÍTULO 5

Do mesmo modo, por que acreditaríamos numa modelo jovem e bela, nova demais para ter rugas, quando endossa um creme contra rugas?

Os anunciantes sempre trabalham com aspiração e associação; vemos uma pessoa atraente usando um produto específico num ambiente glamuroso e aceitamos a insinuação de que parte do glamour passará para nós se usarmos o mesmo produto. O endosso das celebridades vai além disso, contudo, porque aproveita nosso pressuposto subconsciente de que, quando alguém é bom em cantar/representar/chutar uma bola, também fará uma boa avaliação na hora de escolher os flocos de milho do café da manhã, os carros ou a roupa de baixo.

A boa impressão criada pela associação do produto com a celebridade é "grudenta", ou seja, nos lembramos dela mesmo que não saibamos mais nada sobre o produto e, portanto, teremos mais probabilidade de escolhê-lo. É claro que o oposto também é verdadeiro: se não gostarmos da celebridade, teremos menos probabilidade de escolher o produto. É por isso que só celebridades inofensivas e fisicamente atraentes costumam ser escolhidas para aparecer em anúncios e por que os anunciantes logo abandonam celebridades que se envolvem em escândalos embaraçosos.

A primeira impressão conta

A primeira impressão é sabidamente difícil de mudar. Se você causar má impressão na primeira vez que encontrar alguém, será difícil fazer essa pessoa pensar bem de você. E quando você gosta de alguém na mesma hora, a pessoa terá de fazer algo muito errado para você se voltar contra ela.

Não gostamos de estar errados nem de admitir que estamos errados. E rever nossa primeira impressão envolve admitir para nós mesmos que erramos na avaliação inicial. Na verdade, preferimos passar o tempo com alguém que sabemos que não é muito legal do que admitir que estávamos errados ao considerar essa pessoa legal lá no começo. Quanto mais tempo e energia emocional investimos em alguém, mais difícil é admitir que estávamos errados a seu respeito.

Ele não faria isso

Quando uma celebridade é acusada de um crime horrível, geralmente o público tem a reação automática de acusar o acusador. Mas muito depende da imagem pública da celebridade. Quando o diretor de cinema Woody Allen foi acusado de abusar da filha adotiva em 2014, muita gente sem nenhum conhecimento pessoal dos indivíduos envolvidos tiraram conclusões apressadas sobre sua culpa ou inocência. Os que supunham que a filha mentia basearam sua opinião na admiração que tinham por ele como diretor de cinema. Muitos outros o consideraram culpado, por razões igualmente infundadas.

Os mesmos pressupostos protegem muita gente em cargos elevados e de confiança. Só porque alguém tem um bom cérebro político não significa que essa pessoa tenha um comportamento se-

> *"Num estudo, os homens que viram o anúncio de um novo carro que incluía uma modelo jovem e sedutora classificaram o carro como mais veloz, mais atraente, de aparência mais cara e mais bem projetado do que os homens que viram o mesmo anúncio sem a modelo. Mas, quando lhes perguntaram depois, os homens se recusaram a acreditar que a presença da moça influenciara sua avaliação."*
>
> Robert Cialdini, Universidade do Estado do Arizona

60 | CAPÍTULO 5

> **VOCÊ AINDA PODE GOSTAR DA OBRA?**
> Eric Gill, um artista plástico brilhante, abusou sexualmente das filhas, teve um relacionamento incestuoso com a irmã e fazia sexo com seu cachorro. O diretor de cinema Roman Polanski não pode voltar aos EUA porque ainda é procurado pelo estupro de uma menor de idade. Ele fugiu para a França pouco antes de ser condenado em 1977. O poeta Ezra Pound era antissemita e simpatizante nazista. O compositor Richard Wagner era famoso pelas opiniões antissemitas, e Carl Orff era simpatizante nazista. Edward Thorndike, que identificou o efeito de halo, foi um psicólogo influente que promovia a eugenia.

xual moral, seja honesta em seu trato com os funcionários ou bondosa com os filhos.

A palavra de uma pessoa não famosa (como uma das crianças vítimas de abuso pelo apresentador da TV britânica Jimmy Savile) tem pouco peso junto ao público e menos probabilidade de receber crédito.

Amor manchado

Ficamos pouco à vontade ao admirar a arte de criadores que tiveram vidas pessoais mal afamadas. Quando sabemos que um artista agrediu a esposa, foi cruel com os filhos, era racista ou fascista, podemos nos sentir mal com sua obra — mesmo que estejam mortos e não possam se beneficiar se gostarmos deles. É o contrário do efeito de halo: nosso desagrado com um aspecto de sua personalidade mancha todos os outros aspectos.

Bonito e bom ou só muito bom?

Em muitos aspectos, as pessoas fisicamente atraentes têm vantagens sobre as pessoas de aparência mediana. É mais provável que arranjem emprego, obtenham favores e até recebam tratamento preferencial no sistema jurídico quando cometem crimes (a menos que tenham usado sua boa aparência para cometer o crime, como forma de enganar). Em 2013, pesquisadores italianos apresentaram falsas fichas de pedido de emprego usando uma seleção de fotos de pessoas atraentes e não atraentes, com currículo de emprego idêntico. As pessoas atraentes tiveram mais probabilidade de serem chamadas para uma entrevista do que as não atraentes. A taxa média de entrevistas foi de 30%. As mulheres atraentes receberam convites para entrevistas 54% das vezes, e os homens atraentes, 47%.

No total, as pessoas atraentes ganham 10% a 15% mais durante a vida do que quem tem aparência mediana. Daniel Hamermesh, da Universidade do Texas, calculou que, para a pessoa com aparência abaixo da média, isso significa uma perda de renda de cerca de 140.000 dólares. Ele propôs que deveria haver leis que protegessem os esteticamente prejudicados de serem discriminados com base na aparência.

CAPÍTULO 6

A Atenção Estraga os Bebês?

Você deveria deixar o bebê chorar ou consolá-lo? O que é melhor para a criança a longo prazo?

64 | CAPÍTULO 6

As tendências na criação dos filhos vêm e vão. Às vezes, os profissionais dizem aos pais que deixem os bebês chorarem, que evitem lhes dar demasiada atenção e que os alimentem estritamente de quatro em quatro horas. Outras vezes, dizem aos pais que os alimentem quando quiserem, que se ajustem aos padrões de sono do bebê e que se envolvam total e frequentemente com a criança, com muitos abraços, conversas, atenção e brincadeiras. Haverá um jeito certo ou tudo isso é moda? E o jeito "certo" é certo para bebês e pais ou é apenas uma questão de decidir quem priorizar?

Regime brutal

Na primeira metade do século XX, em geral os "especialistas" em psicologia infantil e criação de filhos eram da opinião que a infância e o amor materno eram indulgências desnecessárias. "Precisamos de menos sentimentalismo e mais surras", disse Granville Stanley Hall, pioneiro da psicologia infantil e primeiro presidente da Associação Psicológica Americana. (Apesar de suas credenciais, ele era um eugenista que pensava que não se devia fazer nenhum esforço para ajudar os doentes ou deficientes mentais e físicos, porque essas distrações atrapalhavam a evolução.)

"Menos sentimentalismo e mais surras" era uma opinião comum a muitos, e, em geral, os pais eram incentivados a priorizar a disciplina e não a afeição até com os filhos mais novos. Essa era a época em que os ricos mandavam os filhos para internatos particulares distantes e em que se considerava que banhos frios e uma boa surra formavam o caráter. Muitos pais eram emocionalmente distantes, por acreditar que seria benéfico ou por achar conveniente.

Teoria do apego

Foi contra esse pano de fundo que o psicólogo britânico John Bowlby estudou o apego em crianças pequenas. Ele recolheu dados de observação sobre crianças institucionalizadas e delinquentes e crianças separadas dos pais ou órfãs de guerra. Como não havia teorias para embasar suas conclusões sobre apego, Bowlby procurou estudos sobre etnologia, evolução e comportamento dos animais Ele considerou extremamente relevante o trabalho de Konrad Lorenz, na década de 1930, sobre o *imprinting* nas aves (ver o quadro da página 66). e desenvolveu a teoria de que há sólidas razões evolutivas para os bebês formarem um apego forte com um indivíduo, geralmente a mãe. O bebê tem comportamentos — chorar e sorrir, por exemplo —

> "Quando ficar tentada a acariciar seu filho, lembre-se de que o amor de mãe é um instrumento perigoso. Um instrumento que pode infligir uma ferida que nunca sara, uma ferida que pode tornar a primeira infância infeliz, a adolescência um pesadelo, um instrumento que pode destruir o futuro vocacional de seu filho ou filha adulto e sua oportunidade de um casamento feliz.
>
> 'Nunca, nunca beije seu filho. Nunca o pegue no colo. Nunca balance seu berço."
>
> John B. Watson, 1928

No início do século XX, a maioria dos filhos de famílias ricas raramente via os pais. Eram criados por babás, com quem geralmente formavam um laço forte.

CAPÍTULO 6

que incentivam a interação dos pais. O instinto dos pais, produzido pela evolução, é responder a esses estímulos do bebê.

Bowlby desconfiava que ignorar os estímulos e recusar interação poderia causar danos irreparáveis à criança, pois impedia a formação de um apego primário. Ele afirmava que as crianças que crescem sem apego primário podem, mais tarde, sofrer de delinquência, depressão, redução da inteligência e, nos casos mais extremos, "psicopatia sem afeto" (significando que agem sem se importar com o impacto emocional sobre os outros).

Período crítico

Bowlby acreditava que havia um período crítico no qual o apego tinha de se estabelecer e se manter. Se não formasse nem sustentasse um vínculo com um cuidador primário nos dois primeiros anos de vida, a criança seria incapaz de fazer isso depois. Ele disse que, nesses dois primeiros anos, a criança deveria receber cuidados contínuos da figura primária de apego, geralmente a mãe (pelo

---

MAMÃE GANSA

O zoólogo austríaco Konrad Lorenz (1903-1989) estudou o comportamento de *imprinting* dos gansos-bravos recém saídos do ovo; esse comportamento os leva a formar apego com o primeiro objeto adequado que virem. Na natureza, será a mãe, e os gansinhos seguirão o adulto usando estímulos visuais e auditivos para imitar e assim aprender a ser um ganso.

Lorenz provocou o apego dos gansinhos a si mesmo (ou melhor, às suas botas; eles seguiriam quem as usasse) e costumava ser seguido por uma trupe de gansinhos.

menos nas décadas de 1940 e 1950, quando ele realizou sua pesquisa). A recomendação de Bowlby tem consequências para as crianças que frequentam creches ou recebem cuidados de outras pessoas. Ele afirmava que o risco de romper o apego primário continuava até os 5 anos, e incluía a separação e a morte do cuidador.

Nos primeiros anos, a criança aprende a ser uma pessoa com a interação com a mãe ou com outro apego primário e internaliza um modelo de como estar no mundo. As lições mais importantes, que duram a vida inteira, são:
- a criança é uma pessoa valiosa
- a criança sabe que suas necessidades emocionais serão satisfeitas
- a criança tem uma "base segura" para explorar o mundo

A OMS se importa

Depois de seu trabalho sobre o apego na década de 1940, a Organização Mundial da Saúde (OMS) pediu a Bowlby um relatório sobre a saúde mental de crianças sem teto na Europa do pós-guerra. Sua publicação *Cuidados maternos e saúde mental* (1951) mudou o modo de cuidar de órfãos e crianças desalojadas.

Ao mesmo tempo, a opinião pública sofria uma mudança de maré provocada pelo trabalho inovador do Dr. Benjamin Spock. *Meu filho, meu tesouro* (1946) derrubou a abordagem behaviorista da criação de filhos de John B. Watson e recomendava prestar atenção ao filhos e lhes dar amor e afeto. O livro se tornou um *bestseller* mundial, com mais de cinquenta milhões de exemplares vendidos.

Hoje, o conselho do Dr. Spock de alimentar e consolar os bebês quando chorarem parece o mais simples bom senso.

68 | CAPÍTULO 6

> ## OS "44 LADRÕES"
>
> **Bowlby realizou um estudo para testar sua teoria do apego. Numa clínica de orientação infantil, ele entrevistou 44 jovens condenados por roubo e outras 44 crianças (o grupo de controle) que frequentavam a clínica mas não tinham condenação criminal. Ele constatou que, dos 44 ladrões, mais de 80% tinham sido separados da mãe durante mais de seis meses na primeira infância e mais de 30% mostravam sintomas de psicopatia sem afeto. No grupo de controle, só uma pequena proporção tinha sido separada das mães e ninguém mostrava psicopatia.**
>
> **Os críticos do estudo ressaltam que a separação foi relatada pelo próprio entrevistado e que as informações podiam ser inexatas (embora por que não se deveria acreditar nos participantes seja outro ponto a debater). Além disso, Bowlby realizou as entrevistas e determinou ele mesmo a presença ou ausência de psicopatia, e sua interpretação pode ter sido tendenciosa a favor de sua teoria ("viés do experimentador").**

E, embora algumas de suas recomendações práticas tenham sido superadas (o conselho atual é não pôr o bebê deitado de bruços, como ele recomenda, por exemplo), a abordagem emocional e psicológica ainda é influente.

Interpretações recentes

Hoje, poucas pessoas questionariam que a criança se beneficia imensamente de receber atenção e cuidados amorosos pelo menos de uma figura estável na primeira infância. Mas alguns detalhes das conclusões de Bowlby foram atacados.

Ao falar de "privação materna", ele não distingue privação de carência. Na privação, o apego se estabelece e depois é rompido ou removido. Na carência, não se for-

A Atenção Estraga os Bebês? **69**

ma apego. Esta última é muito mais prejudicial à criança (ver quadro na página 70). O pressuposto "monotrópico" de Bowlby de que o bebê se apega unicamente a uma pessoa preferida, geralmente a mãe, também foi questionado pelos que acreditavam que ele subestimava a contribuição do pai e de outros cuidadores. Um estudo de 1964 constatou que o primeiro apego individual significativo começa por volta dos oito meses, mas outros se seguem rapidamente. Com 18 meses de idade, muitas crianças têm dois, três, quatro ou mais apegos, e só 13% delas têm um único apego.

Consciente das exigências da abordagem científica, Bowlby tomou o cuidado de desenvolver e modificar suas teorias com o tempo.

Num estudo da carência em 1981, Michael Rutter constatou que as crianças que nunca formaram apego primário não demonstravam angústia quando separadas de uma pessoa conhecida. Mas depois demonstravam agarramento, comportamento dependente, busca de atenção e amistosidade indiscriminada e, mais adiante, incapacidade de obe-

---

HOSTILIDADE A SPOCK

O mundo mudou durante a vida dos bebês de Spock. A permissividade sexual da década de 1960, os hippies que usavam drogas, o movimento pelos direitos civis dos negros nos EUA, a oposição à guerra do Vietnã e ao capitalismo e a rejeição do estilo de vida das *Mulheres perfeitas* da década de 1950 foram todos atribuídos ao Dr. Spock. A criação permissiva dos filhos produzira os excessos criticados naquela geração?

"Os EUA [pagaram] o preço de duas gerações que seguiram o plano de gratificação instantânea das necessidades dos bebês do Dr. Spock", escreveu Norman Vincent Peale, autor do sucesso *O poder do pensamento positivo*.

70 | CAPÍTULO 6

decer a regras, formar relações duradouras ou sentir culpa. Rutter argumentou que isso não se devia somente à falta da figura materna, mas tinha relação com fatores como a ausência de estímulo intelectual e das experiências necessárias para o desenvolvimento saudável.

Mães de arame e mães de pelúcia

A ideia de que a necessidade primária do bebê não é só nutrição, mas o contato físico afetuoso, se opunha às teorias da década de 1950 sobre como cuidar de bebês e foi endossada por pesquisas posteriores. O psicólogo americano Harry Harlow realizou um experimento projetado especificamente para testar se a mãe significa mais para o bebê do que uma simples fonte de nutrição.

O experimento de Harlow não seria permitido hoje, mas revolucionou a visão da primeira infância, do amor parental e da importância psicológica do afeto. Em 1958, Harlow tirou macacos rhesus recém-nascidos de suas mães e os colocou

---

MONOTROPIA

Monotropia é o apego do bebê a um único adulto, geralmente a mãe. Era central no modelo de Bowlby, mas não é característico de todas as práticas de criação de filhos. Nos *kibbutzim* israelenses e em alguns regimes totalitários e grupos religiosos extremistas, o apego íntimo com um dos pais foi impedido pela criação comunitária. Algumas crianças criadas dessa maneira declararam que o método é prejudicial. Isso não é dizer que as crianças não possam ser felizes quando criadas com mais de um apego forte, e os dois pais presentes e envolvidos são o modelo óbvio.

A Atenção Estraga os Bebês? 71

> **UMA CRIANÇA VAI PARA O HOSPITAL**
> Na década de 1950, Bowlby e seu colega, o assistente social James Robertson, promoveram um filme feito por Robertson, chamado *A Two-Year-Old Goes to Hospital* (Uma menina de 2 anos vai para o hospital), que documentava a angústia da criança internada sem a mãe para uma cirurgia. O filme provocou uma grande reforma no tratamento pediátrico de hospitais e outras instituições estatais.

isolados em gaiolas. Podiam ver e ouvir outros macaquinhos, mas não podiam tocá-los nem interagir com eles. A princípio, ele só criava os macacos do jeito mais eficiente para uso no laboratório. Mas notou que os macacos criados sem interação com os outros eram psicologicamente muito diferentes dos macacos criados pelos pais. Notou também que, na ausência de algo macio, os bebês se agarravam às fraldas de pano. Ele se pôs a investigar o papel da presença materna e do afeto no desenvolvimento das crianças.

Harlow fez mães macacas adotivas de arame e madeira. Cada macaquinho tinha sua própria mãe adotiva e se apegou a ela, preferindo-a a todas as semelhantes. Então, Harlow criou algumas "mães" que eram estruturas nuas de arame e outras que eram cobertas de pano. Ele pôs uma de cada nas gaiolas de cada bebê, com a mãe de pano ou a de arame equipada com uma mamadeira. Todos os macaquinhos preferiam as mães de pano, tivessem ou não alimento.

Nas gaiolas onde as mães de arame forneciam o leite, os bebês só iam até elas para mamar e voltavam às mães de pano para se confortar. Se os macaquinhos fossem colocados

72 | CAPÍTULO 6

num novo ambiente com as mães adotivas, eles exploravam o local e voltavam frequentemente à mãe de pano para se confortar. Quando colocados sozinhos no ambiente, demonstravam angústia (como encolher-se e gritar) e não o exploravam.

A conclusão de Harlow de que a nutrição não é o aspecto mais importante do laço entre mãe e filho teve impacto revolucionário. Deu apoio aos achados de Bowlby de que a privação emocional prolongada em bebês pode ter impacto negativo duradouro em seu desenvolvimento.

Bifurcação no caminho

Hoje, os conselhos sobre cuidados do bebê caem em dois campos amplos. Alguns profissionais querem impor um

---

AS CRIANÇAS DOS ORFANATOS ROMENOS

Na Romênia, sob o governo de Nicolae Ceauşescu, até 170.000 crianças foram encarceradas em orfanatos, onde sofreram negligência e agressões. Muitas ficavam amarradas ao berço, deitadas sobre as próprias fezes e urina, nunca levadas ao colo nem recebendo afeto. Depois da execução de Ceauşescu em 1989, o sofrimento dessas crianças foi conhecido fora da Romênia, e algumas instituições foram para lá ajudar. Muitas crianças exibiram efeitos duradouros da privação que sofreram. Embora com 15 anos, algumas pareciam ter 6 ou 7. Seu cérebro não produzira hormônios do crescimento e muitas tiveram a inteligência reduzida. Isso não resultava apenas da desnutrição, mas de serem privadas de estímulo intelectual e cuidado emocional. Algumas crianças tiradas dos orfanatos ainda em tenra idade e levadas para lares adotivos amorosos fizeram progresso, mas para muitas o dano foi irreparável.

A Atenção Estraga os Bebês? 73

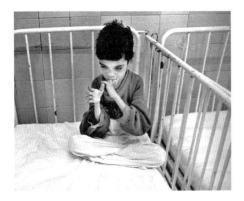

Na década de 1980, as crianças dos orfanatos romenos sofreram negligência e maus tratos e não desenvolveram apego seguro a adultos. Muitas que foram removidas dos orfanatos ainda pequenas se recuperaram, mas outras sofreram danos psicológicos duradouros.

horário estrito (o método "sem bobagem" de Gina Ford engloba tudo, do sono à noite ao uso do penico). Enquanto isso, a abordagem centrada no bebê avançou ainda mais para pôr a criança no centro de seus cuidados, com desdobramentos como o desmame comandado pelo bebê, no qual a criança nunca é alimentada por pai, mãe ou cuidador e pode pegar, largar, jogar ou brincar com a comida à vontade.

O incentivo de Spock aos pais para confiarem em seus instintos e os seguirem foi praticamente abandonado, e cada vez mais "especialistas" disputam a atenção dos pais, deixando-os cada vez mais preocupados com sua própria capacidade.

CAPÍTULO 7

A Moralidade É Natural?

Crianças bem pequenas já têm noção de moralidade?

76 | CAPÍTULO 7

Quando começam a ir para a escola, as crianças geralmente já desenvolveram uma noção rudimentar de justiça e equidade. Sabem que ações classificar como boas ou más. Onde obtiveram essa noção?

Começa em casa

Em seus primeiros anos, as crianças são expostas a muitos comportamentos no mundo real, na televisão e no cinema. Elas observam a reação dos adultos a seu próprio comportamento e ao comportamento dos outros e começam a aprender o que é considerado comportamento aceitável ou inaceitável. Mas o trabalho de Paul Bloom, psicólogo behaviorista da Universidade de Yale, no estado americano de Connecticut, indica que a observação e a interação não são os únicos elementos envolvidos.

Bloom estudou a moralidade em bebês de poucos meses e concluiu que nossa moralidade não é toda aprendida com nossas relações com os outros. Seus resultados trazem a indicação surpreendente de que temos uma noção de moral inata, presente até nos menores bebês. Essa noção é ajustada quando crescemos e se adequa à sociedade onde nascemos.

Relativismo moral

Tipos diferentes de comportamento têm *status* diferente nas diversas comunidades. Hoje, no Ocidente, considera-se errado discriminar alguém com base na cor da pele, por exemplo, mas durante séculos esse comportamento foi visto como aceitável. Nos países muçulmanos, tomar bebidas alcoólicas é considerado errado e proibido.

Algumas sociedades tornam a homossexualidade ilegal. Nas principais democracias ocidentais, considera-se errado o

A Moralidade É Natural?

ato de queimar a bandeira nacional. Alguns grupos culturais consideram errado comer determinados tipo de carne ou certas combinações de alimentos. Esse tipo de comportamento moral é específico de cada cultura e tem de ser aprendido pelos cidadãos.

Por outro lado, há concordância praticamente universal sobre a moralidade ou imoralidade de alguns atos. A maioria das sociedades considera errado assassinar, roubar dos outros e ter relações sexuais com parentes consanguíneos.

Como essas restrições morais aparecem em quase todas as sociedades, talvez haja algo inato nelas — ou podem surgir tantas vezes porque fazem as sociedades funcionarem bem.

> *"Todo mundo, sem exceção, acredita que seus costumes nativos e a religião com que foi criado são os melhores."*
>
> Heródoto, *Histórias*, 500 a.C.

Bebês morais

Bloom afirma que seu trabalho com bebês pequenos mostra que eles exibem uma noção básica de moral muito antes de terem idade suficiente para aprendê--las observando outras pessoas. Suas preferências podem ser deduzidas pelo que escolhem olhar e por quanto tempo seus olhos descansam nas coisas.

Formas prestativas e não prestativas

Com essa medida, Bloom fez os bebês observarem formas animadas prestativas e não prestativas e depois verificou quais eles preferiam. Uma bola vermelha foi mostrada se esforçando para subir um morro. Então ela foi ajudada (empurrada para cima) por um quadrado gentil ou atrapalhada (seu caminho bloqueado) por um triângulo não prestativo. Bloom trocou as formas para evitar preferência por uma forma ou outra.

Os bebês mostraram forte preferência pela forma prestativa. O efeito era intensificado quando as formas tinham rosto. É interessante que a preferência desaparecia quando os bebês não tinham visto a bola tentando subir o morro — ou seja, a interação social entre as formas era importante, não só o movimento físico. Bebês com até 3 meses preferiam olhar as formas prestativas.

O bom, o ruim e o indiferente

Quando Bloom introduziu um personagem neutro, uma forma que nem ajudava nem atrapalhava a bola que subia o morro, bebês de 6 meses ou mais preferiram a forma prestativa à forma neutra e a forma neutra à forma que atrapalhava. Bebês de 3 meses não distinguiam prestativa e neutra, mas não gostavam da forma que atrapalhava. Isso combina com o "viés da negatividade", comum em adultos e crianças: temos mais sensibilidade às coisas ruins

do que às boas e mais probabilidade de reagir a algo negativo do que a algo positivo. Reclamamos de quem comete um ato grosseiro ou ofensivo, mas poucos aplaudem quem faz um ato de bondade.

Bloom concluiu que os bebês conseguem reconhecer o comportamento educado e mal-educado bem cedo em seu desenvolvimento, provavelmente antes que possamos dizer que foi aprendido, porque não foram expostos a modelos claros. Ele sugere que isso indica uma noção inata de moral, com o cérebro preparado desde o princípio com uma noção simples de moralidade.

Jogue limpo

Karen Wyn, também de Yale, realizou outro experimento, dessa vez com crianças de 1 ano. As crianças assistiram a um espetáculo em que dois fantoches brincavam de forma cooperativa; de repente, um terceiro fantoche roubava a bola com que brincavam e saía correndo. Então, os fantoches foram mostrados às crianças, com uma recompensa diante de cada um, e pediu-se às crianças que removessem a recompensa de um

80 | CAPÍTULO 7

deles. A maioria das crianças removeu a recompensa do fantoche "malvado". Além de remover a recompensa, um menino bateu no fantoche "mau". Esse experimento acrescenta as ideias de recompensa e punição ao reconhecimento de ações morais. Com 1 ano, a criança já está desenvolvendo uma noção de justiça.

Nem tudo é bom

Os estudos com fantoches são um bom modo de descobrir o que os bebês preferem, mas talvez nem sempre gostemos do que descobrimos. O trabalho de Wyn com fantoches prestativos e não prestativos também mostrou que as crianças pequenas ficavam contentes quando os fantoches com quem se identificavam (fantoches que "escolheram" a mesma comida que a criança) eram ajudados, mas contentes quando fantoches diferentes delas (fantoches que escolheram comida de que as crianças não gostavam) não eram ajudados. Wyn concluiu de forma sinistra: "Parece que essa reação indica a raiz do impulso adulto à xenofobia, ao preconceito e à guerra."

> **O BEBÊ DE DARWIN**
>
> Não é fácil ser filho de um biólogo profissional. Charles Darwin fez observações e anotações detalhadas sobre o desenvolvimento do filho William e registrou o momento em que o menino de 2 anos começou a enganar os pais furtando secretamente comida que não lhe era permitida (ele tentou esconder as manchas nas roupas). Claramente, a criança sentiu culpa e vergonha — fizera algo que não lhe permitiam fazer —, mas não tinha sofrido nenhuma punição, portanto o medo da descoberta não estava ligado ao medo de consequências externas.

CAPÍTULO 8

Você Desperdiça Seu Tempo em Devaneios?

Você fita a janela e fantasia? Isso é perda de tempo? E se devanear lhe fizer bem?

82 | CAPÍTULO 8

Se deu ouvidos aos professores da escola, você adotou a ideia de que devanear, definitivamente, é uma perda de tempo. Mas o contrário pode ser verdadeiro. O devaneio pode ser a fonte da criatividade.

Bom ou ruim?

No século XIX e no início do XX, a opinião profissional geral era de que o devaneio era uma atividade problemática. Os primeiros manuais de psicologia alertavam que devanear em excesso poderia levar as pessoas à insanidade.

Um questionário de recrutamento do exército americano na Primeira Guerra Mundial visava a identificar candidatos neuróticos rejeitando os que concordassem com a declaração "devaneio frequentemente". As crianças que devaneiam hoje podem ir para uma turma de "necessidades especiais". Mas as estimativas atuais calculam em cerca de 15% a 50% de nossas horas diárias de vigília o tempo que passamos devaneando, e assim, por essa métrica, deve haver muitos neuróticos necessitados de medicação.

Sigmund Freud considerava que os devaneios, como os sonhos noturnos, eram o modo de a mente revelar pensamentos, desejos e lembranças reprimidos.

> *"A mente é inerentemente inquieta. Quer sempre prestar atenção à coisa mais interessante no ambiente. Muitas vezes, a coisa mais interessante acontece no ambiente interno."*
>
> Jonathan Schooler, Universidade da Califórnia, campus de Santa Barbara

Ele também os via como um tipo de realização de desejos no qual podemos ter tudo o que quisermos.

Há uma quantidade crescente de indícios de que o devaneio é útil e construtivo. Na década de 1980, o psicólogo Eric

Klinger descobriu que, para pessoas com empregos tediosos e repetitivos que não ocupam a mente ou que envolvem longos períodos de inatividade (como os salva-vidas), devanear é um modo de afastar o tédio e a frustração e manter o cérebro ativo. Do grupo de pessoas que ele estudou, 75% disseram que devaneavam para aliviar o tédio.

Klinger deu um bipe aos participantes e pediu que escrevessem seus devaneios na hora em que o aparelho tocasse. Ele descobriu que a frequência dos devaneios variava imensamente, com pessoas registrando de 6 a 176 devaneios durante o dia. Ele descobriu que a maior parte dos devaneios não são fantasias elaboradas. Eles consistem principalmente de ensaios e reprises de episódios da vida cotidiana. Contra a sugestão de Freud de que os devaneios nos levam a lugares que não nos são permitidos na vida normal, só 5% da amostra de Klinger relataram devaneios com conteúdo sexual e poucos tiveram devaneios violentos.

Coisa melhor a fazer?

Devanear é considerado um problema quando impede que alguém cumpra suas tarefas — por exemplo, quando uma criança na escola fica olhando pela janela, pensando em estratégias para um jogo de computador, em vez de escutar a professora. Mas há indícios de que quem devaneia muito é mais criativo e empático do que quem não devaneia. Klinger constatou que, num grupo de estudantes israelenses, os que devaneavam eram mais empáticos do que os que não devaneavam.

Num estudo realizado por Jonathan Schooler em Santa Barbara, na Califórnia, os estudantes que devaneavam en-

84 | CAPÍTULO 8

quanto tentavam ler uma história tiveram respostas mais criativas quando, mais tarde, lhes pediram que inventassem usos alternativos para objetos cotidianos, como cabides e um palito, do que os que não devaneavam. Schooler ressalta que devanear não serve ao objetivo imediato, mas pode servir a objetivos de longo prazo.

Portanto, estamos diante de uma charada do desenvolvimento: os professores querem impedir que os alunos devaneiem porque precisam que eles se concentrem na meta de curto prazo de aprender a lição. Mas os indícios mostram que devanear pode deixar as crianças mais felizes e criativas a longo prazo.

Rede em modo padrão

Marcus E. Raichle, da Universidade de Washington, usou uma técnica aprimorada de exame por imagem chamada ressonância magnética funcional (fMRI na sigla em inglês) para descobrir as partes do cérebro que se ativam quando devaneamos. E descobriu que as partes que lidam com as informações sensoriais (imagens, sons, cheiros) e a construção e processamento da memória estão todas envolvidas. Ele apelidou esse conjunto de funções cerebrais de "rede padrão", porque é a atividade à qual o cérebro recorre quando não faz outra coisa. Raichle a descreveu como a "coluna vertebral da consciência".

> *"Você pode ensaiar uma ação sem nenhuma consequência. Pode se imaginar ridicularizando os professores ou surrando o chefe sem fazer nada disso na realidade."*
>
> Jerome Singer, psicólogo, 1966

Já se sugeriu que monitorar a atividade da rede padrão pode ser útil na medicina, como no diagnóstico da doen-

> **APROVEITE SEUS DEVANEIOS**
> Se não vai prestar atenção ao que deveria estar fazendo, você pode prestar atenção ao que realmente está fazendo. Aproveitar ideias de devaneios é um hábito encontrado em muitas pessoas criativas e bem-sucedidas. Einstein concebeu a teoria da relatividade devaneando sobre viajar num raio de luz. George de Mestral teve a ideia do Velcro quando tirava carrapichos das roupas e dos pelos de seu cachorro depois de uma caminhada nas montanhas. Muitas pessoas criativas levam um caderno consigo e registram as ideias que lhes vêm, sabendo que, se não anotarem, vão esquecer.

ça de Alzheimer e na avaliação da eficácia dos tratamentos ou no teste do nível de consciência de pacientes em coma. Quem tiver morte cerebral não apresentará nenhuma atividade na rede padrão, mas quem estiver em coma profundo ou em estado vegetativo permanente ainda mostra 65% da atividade normal. Os que estão num estado de consciência mínima exibem 90% da atividade normal. É possível que medir a atividade da rede padrão seja uma forma de prever quais pacientes inconscientes têm mais probabilidade de recuperação.

Três varicdades

O psicólogo Jerome Singer passou seis décadas pesquisando devaneios. Ele teve uma vida interior vibrante quando criança e sentiu interesse profissional pelos devaneios quando adulto, querendo descobrir como pessoas diferentes devaneiam e para que servem os devaneios.

Singer identificou três tipos de devaneio:

86 | CAPÍTULO 8

- **o devaneio construtivo positivo** envolve imagens divertidas, vivas e desejosas. É o tipo bom para alimentar a criatividade.
- **o devaneio culpado-disfórico** envolve medo ou ansiedade e pode ser angustiante; pode envolver imagens de heroísmo, fracasso, agressão e ambição. Ele inclui a revivescência obsessiva de traumas passados associada ao transtorno de estresse pós-traumático (TEPT).
- **mau controle emocional** é o tipo de devaneio distraído, geralmente caracterizado pela ansiedade, que nos importuna quando tentamos nos concentrar — e não conseguimos. É o antigo "demônio do meio-dia" (ver o capítulo 11).

Devanear faz bem

Concentrado no "devaneio construtivo positivo", Singer e, mais tarde, Schooler constataram que o devaneio pode ter várias funções amplas:

- Ele ajuda a planejar e nos permite vislumbrar e mapear ações futuras. O devaneio nos permite ensaiar eventos futuros visualizando resultados alternativos.
- Ele ajuda a resolver problemas e permite que a criatividade floresça.
- Ele ajuda a manter o "ciclo atencional" que nos permite trocar o foco da atenção ou a torrente de informações para construir uma abordagem mais integrada e significativa de metas pessoais ou externas.
- Oferece a "desabituação": quando dividimos uma tarefa ou foco, conseguimos uma prática mais distribuída, e

já se constatou que isso permite um aprendizado mais sólido. (É por isso que quatro períodos de meia hora de revisão antes de uma prova são mais eficazes do que um período ininterrupto de duas horas.)

Parece que o devaneio traz benefícios pessoais e emocionais consideráveis e nos ajuda a desenvolver compaixão, raciocínio moral, compreensão do ponto de vista e das emoções dos outros e a perceber o significado de eventos e experiências.

EM QUE VOCÊ PENSA QUANDO NÃO PENSA EM NADA?

A maioria de nós devaneia. Mas pessoas com autismo e síndrome de Asperger tendem a devanear muito menos que os outros. Russell Hurlburt, da Universidade de Nevada, estudou a atividade do "cérebro ocioso" de três homens com Asperger e verificou que eles não compreendiam o conceito de "vida interior" ou só citaram imagens e objetos; eles não construíam narrativas internas.

Aliviar a pressão

O devaneio também pode ser uma válvula de escape. Quando nos imaginamos reagindo agressivamente a uma dada situação, devanear pode aliviar a tensão e a frustração e nos deixar satisfeitos com uma reação mais comedida. Só de vez em quando, para alguns indivíduos, a agressão imaginada se traduz em violência real. Fantasiar resultados ou reações pode oferecer alguma satisfação ou aliviar maus sentimentos quando a situação vai mal para nós. Quando imaginamos que gritamos com o chefe ou socamos o

88 | CAPÍTULO 8

vizinho, podemos nos sentir melhor sem ter que realmente fazer essas coisas.

Bom para quem?

O devaneio construtivo e positivo, no fim das contas, é bom para a satisfação e o desenvolvimento pessoal, mas às vezes pode sair caro em termos de metas externas. Isso significa que é bom para o eu interior, mas não necessariamente para o eu público — o "você" com quem tutores e patrões se relacionam. Em última análise, isso significa que talvez você precise moderar seu nível de devaneio, já que precisa se formar ou manter o emprego.

> *"O que é mais verdadeiramente humano no homem, o que talvez seja seu maior dom derivado da evolução e talvez seu maior recurso no domínio do meio ambiente e de si mesmo, é a capacidade de fantasiar."*
>
> Jerome Singer, psicólogo

EINSTEIN E O "JOGO COMBINATÓRIO"

Muitas ideias de Einstein lhe vinham quando estudava violino, e ele acreditava que as melhores eram um produto do "jogo combinatório" — a fusão de disciplinas diferentes. Muita gente definiu criatividade ou inspiração como juntar ideias ou conhecimentos de campos diferentes de maneira nova ou inesperada. Os mais criativos costumam ser os que conseguem forjar vínculos ou ver conexões entre conceitos disparatados. Além de os vínculos surgirem durante devaneios, a matéria-prima costuma ser reunida durante atividades aparentemente não relacionadas, como tocar violino e pensar em equações.

Pesadelos acordados

Em casos extremos, o tipo ruim de devaneio está associado a angústia e doença psicológica. O pesadelo acordado da depressão é a ruminação — o esquadrinhamento constante de lembranças ou pensamentos angustiantes. Em vez de a mente se deixar levar por planos agradáveis de um encontro amoroso ou invenção útil, ela retorna várias vezes à reprise de erros ou gafes passados. É como arrancar uma casquinha: isso não ajuda a ferida a melhorar e prolonga a agonia. Uma característica comum do TEPT é reprisar o incidente traumático, conscientemente ou em *flashbacks*. Mais uma vez, não é um tipo saudável de devaneio. Em pessoas deprimidas, uma parte específica da rede padrão fica muito ativa. O córtex cingulado anterior pregenual, mais conhecido como "nó da tristeza", entra em sobrecarga quando pessoas que sofrem de depressão ruminam ou revivem lembranças dolorosas.

CAPÍTULO 9

Você Faria Isso de Novo?

O que provoca nossas reações? O condicionamento pode forjar vínculos estranhos entre estímulos e ações.

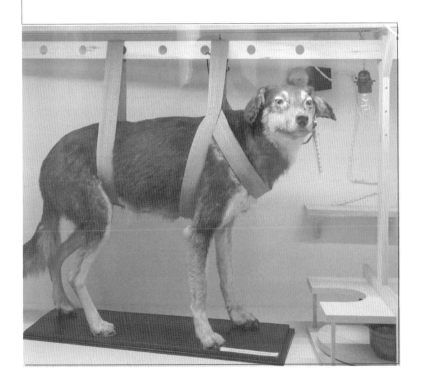

Você sente fome quando olha as fotos das revistas de culinária? Sente-se mal quando vê o vídeo de uma cirurgia? Seu cérebro faz conexões entre o conhecimento que você recebeu e funções e sensações corporais específicas. A reação a alguns estímulos é instintiva — salivar quando vemos comida, por exemplo. Outras reações são condicionadas: se tivemos experiências ruins no dentista, nosso nível de ansiedade pode subir assim que passarmos pela porta do consultório.

OS CÃES DE PAVLOV

O fisiologista russo Ivan Pavlov (1849-1936) estudou o funcionamento do sistema digestivo. Enquanto realizava experiências com cães, ele descobriu o reflexo condicionado — uma reação física aprendida a um estímulo. Os cães geralmente salivam quando veem comida; é um instinto que prepara o animal para comer. A comida é o estímulo primário que produz a reação de salivar. Pavlov fazia repetidamente um ruído com uma campainha, apito, sino, diapasão ou outro instrumento antes de alimentar os cães da experiência. Como sempre, os cães salivavam quando a comida chegava. Dali a algum tempo, os cães começaram a associar o ruído que Pavlov fazia com a chegada iminente de comida e passaram a salivar assim que o ouviam, antes mesmo de ver a comida. Embora salivar seja uma reação automática impossível de controlar diretamente, o cérebro dos cães criou uma conexão entre o som e a chegada de comida, e esse estímulo secundário produzia a mesma reação.

As reações condicionadas podem nos levar a temer coisas que, em si, não são assustadoras. O condicionamento também pode nos levar a fazer ou não fazer coisas por causa da reação que provocam. Esse tipo de condicionamento é usado na criação de filhos e no treinamento de cães.

Serviço de assustar criancinhas

Seja lá como você encare experimentos com animais, como fazia Pavlov, hoje pouca gente aceitaria as famosas experiências com "Little Albert".

Em 1919, os psicólogos John B. Watson (ver o capítulo 6) e Rosalie Rayner usaram um bebê de nove meses em suas experiências sobre comportamento. Ele foi chamado de "Little Albert", embora em 2009 revelassem que seu nome verdadeiro era Douglas Merritte. Watson e Rayner começaram a experiência expondo "Little Albert" a uma série de objetos e animais, inclusive um rato branco de laboratório. O menino

A LEI DO EFEITO

Pouco depois da publicação das experiências de Pavlov sobre condicionamento clássico de cães na Rússia, Edward Thorndike começou a trabalhar com condicionamento operante de gatos nos EUA. Ele construiu uma "caixa-problema" de onde o gato só conseguiria sair apertando uma alavanca ou puxando uma argola. Ele pôs um gato faminto na caixa, que teria de se libertar para receber comida. Thorndike notou que o gato levava um bom tempo para encontrar o mecanismo de escape pela primeira vez, mas, com passagens sucessivas pela caixa, levava cada vez menos tempo para escapar. Thorndike definiu a lei do efeito: um efeito posterior agradável fortalece (incentiva) a ação que o produziu. Os psicólogos modernos chamariam isso de "reforço positivo" — o efeito bom de fugir da caixa reforça a ação do gato de usar a alavanca ou a argola.

94 CAPÍTULO 9

> **CONDICIONAMENTO CLÁSSICO E OPERANTE**
>
> Condicionamento clássico é o mesmo que condicionamento pavloviano: o corpo, com exposição repetida, é ensinado a ter uma reação a um estímulo não relacionado, como salivar com o toque de uma campainha porque se sabe que a campainha sinaliza comida.
>
> O condicionamento operante é fortalecer ou enfraquecer uma ação espontânea por meio de recompensas ou punições. Por exemplo, quando um rato descobre que, se apertar uma alavanca, recebe uma dose de água açucarada, ele repetirá essa ação várias vezes. Se apertar a alavanca lhe der um choque elétrico, ele deixará de apertá-la. As consequências positivas e negativas reforçam o comportamento do rato.

não teve medo de nenhum deles. Então Watson e Rayner resolveram assustar "Albert". Quando ele tocou no rato, os dois fizeram um barulho estrondoso atrás dele, batendo com um martelo num pedaço de metal. O menino chorou. Fizeram isso várias vezes até Albert chorar sempre que via o rato. Assim que ele aparecia, Albert se virava e tentava fugir.

A associação se estendeu a outros objetos peludos, de modo que Albert também passou a ter medo de um coelho, um cachorro, um casaco de pele e do próprio Watson quando apareceu um uma máscara de Papai Noel com barba eriçada (que, pela descrição, seria assustadora mesmo sem o condicionamento). O estudo mostrou que o tipo de condicionamento clássico que Pavlov conseguira com cães também era aplicável a seres humanos.

Não tão bom

Havia muita coisa errada no experimento de Watson e Rayner, uma das mais importantes ter sido cruel e antiético. Little Albert não foi dessensibilizado depois, então presumivelmente continuou com medo de ratos, coelhos e outros animais peludos. Ele se mudou com os pais e não houve oportunidade de estudos de acompanhamento nem de terapia. Na verdade, com 6 anos ele morreu de hidrocefalia, que tinha desde o nascimento. Ao contrário das declarações de Watson de que era um bebê normal e saudável, Albert não era saudável (e provavelmente Watson sabia). Portanto, a criança não era adequada para representar o desenvolvimento normal. Além disso, Watson e Rayner não tinham nenhum sistema para medir as reações de Albert além de seu próprio julgamento subjetivo.

Condições melhores

Em 1924, Mary Cover Jones usou o condicionamento de forma mais ética para ajudar uma criança com fobia de coisas brancas e peludas. O menino Peter tinha pavor de um coelho branco. Com o tempo, os experimentos foram aproximando Peter e o coelho até que, finalmente, o menino conseguiu acariciar o coelho e brincar com ele sem medo. Outras crianças que não tinham medo do coelho estavam presentes na sala, como modelos de reações normais ao animal.

A situação melhora

O experimento de Peter foi uma investida precoce da terapia comportamental, que visa a retreinar o pensamento e o comportamento de alguém. Vários tipos de condicionamento são usados na terapia, no ensino e em outros tipos de modificação comportamental. Podem envolver punição ou recompensa.

A punição é um reforço negativo: toda vez que o sujeito faz alguma coisa, uma coisa ruim acontece. Ela visa a reduzir o comportamento indesejado. A recompensa é um reforço positivo que visa a aumentar o comportamento desejado — dar um adesivo à criança por recolher os brinquedos que espalhou, por exemplo.

A maioria dos estudos indica que o reforço positivo é mais eficaz do que o negativo (ver o capítulo 16).

ESTÁGIOS PARA PERDER O MEDO DE COELHOS

Mary Cover Jones descreveu os seguintes estágios da interação entre Peter e o coelho:

A. Coelho numa gaiola em qualquer lugar da sala provoca reação de medo.

B. Coelho na gaiola tolerado a 3,5 m de distância.

C. Coelho na gaiola tolerado a 1,2 m de distância.

C. Coelho na gaiola tolerado a 90 cm de distância.

E. Coelho tolerado na gaiola fechada.

F. Coelho tolerado solto na sala.

G. Coelho tocado quando experimentador o segura.

H. Coelho tocado quando solto na sala.

I. Coelho desafiado cuspindo nele, jogando coisas nele, imitando-o.

J. Coelho permitido na mesinha da cadeira alta.

K. Agachado em posição indefesa ao lado do coelho.

L. Ajuda o experimentador a levar o coelho para a gaiola.

M. Pega o coelho no colo.

N. Fica sozinho em sala com coelho.

O. Permite coelho no cercadinho com ele.

P. Acaricia o coelho com afeto.

Q. Deixa o coelho mordiscar seus dedos.

Fazemos isso o tempo todo

Usamos elementos de condicionamento e de reforço positivo e negativo o tempo todo sem nem pensar. Quando sugerem estabelecer uma rotina para a criança na hora de dormir, os manuais de criação de filhos utilizam uma forma de condicionamento.

Depois de algum tempo, a criança que todo dia toma um banho morno, ouve uma história e vai dormir começará a se sentir sonolenta porque banho morno e história sempre levam ao sono. O cachorro que é levado para passear quando a criança volta da escola ficará empolgado quando ouvir a porta se abrir à tarde.

> **5:1**
>
> Estudos constataram que, ao tentar ajustar o comportamento das crianças, uma razão de 5:1 (elogio:crítica) é mais eficaz. De acordo com outros estudos, a mesma razão entre elogios e críticas serve para manter os casamentos estáveis.

CAPÍTULO 10

Por Que Você Não Acorda?

Por que os adolescentes ficam metade do dia na cama? Serão simplesmente preguiçosos?

Quem mora com um adolescente ou se lembra da própria adolescência sabe que os adolescentes gostam de ficar na cama até bem depois da hora normal de acordar. Também gostam de ficar acordados até bem depois de qualquer hora normal de dormir. Deixados por conta própria, eles frequentemente ficarão acordados até as quatro da madrugada e dormirão até depois do meio-dia.

É só perversidade e rebelião? Ou há uma boa razão para esses horários tão antissociais?

Seu relógio pessoal

Todo mundo tem um relógio interno (ou corporal) que regula os ciclos naturais do corpo. Esse padrão de atividades diárias do corpo se chama "ritmo circadiano" e determina coisas como o período em que você fica mais ativo, quando se sente cansado e assim por diante. A maioria não consegue trabalhar inteiramente em sincronia com o ritmo circadiano, pois estamos presos às convenções e à necessidade

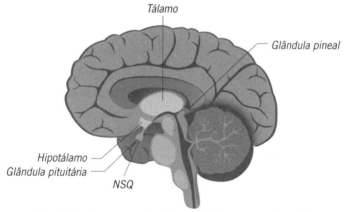

O relógio do corpo se localiza no núcleo supraquiasmático hipotalâmico (NSQ), um grupo de células minúsculo na base do cérebro.

financeira de trabalhar em horários escolhidos por nossos patrões, a nos levantar para mandar as crianças para a escola e alimentar bebês com fome, a ficar acordados para receber entregas e comparecer a compromissos.

Corujas e galinhas

Estamos acostumados à a ideia de que algumas pessoas ficam mais alertas e dispostas a trabalhar à noite e outras funcionam melhor pela manhã. Essa distinção entre "pessoas noturnas" e "pessoas matutinas" está presente nos rótulos de quem "dorme com as corujas" ou "acorda com as galinhas". Se você gosta de ficar acordado até tarde e se levanta tarde, você dorme com as corujas. Se gosta de se deitar cedo e de se levantar cedo, você acorda com as galinhas. Não há nada errado com nenhum dos dois, mas quem gosta de acordar cedo terá dificuldade de trabalhar até tarde, e quem gosta de dormir tarde achará dificílimo um emprego que lhe exija sair de casa às 6 da manhã.

POR QUE VOCÊ SE PARECE COM UM COGUMELO

Os seres humanos não são as únicas entidades a ter ritmo circadiano. Muitos organismos da Terra, talvez todos, têm relógios corporais afinados aproximadamente com um dia de 24 horas. Os animais noturnos dormem o dia todo e caçam à noite, mas também funcionam com um ciclo de 24 horas. Até os fungos têm ritmo circadiano e produzem esporos num momento específico do dia. Os cientistas que pesquisam o ritmo circadiano costumam trabalhar com um fungo chamado *Neurospora crassa*. Eles encontraram genes que controlam a relação entre a atividade do fungo e as horas do dia. Mutações desses genes interferem com o relógio corporal do fungo. Os adolescentes e os cogumelos serão mesmo aparentados?

102 | CAPÍTULO 10

Quem dorme com as corujas e quem acorda com as galinhas estão em extremos opostos do espectro normal do ritmo circadiano. Quem dorme com as corujas vai precisar de um

> *"Há uma predisposição biológica para dormir tarde e acordar tarde. É claro que se pode impor a isso hábitos ainda piores, mas essas pessoas não são preguiçosas."*
>
> Russell Foster, professor de neurociência circadiana, Universidade de Oxford

despertador bem barulhento para se levantar de manhã, mas se levantará. Geralmente, essa pessoa não é disfuncional.

QUANTO DURA O DIA?

O dia não dura exatamente 24 horas. Há maneiras diferentes de medir e definir o dia, mas normalmente se diz que ele dura um pouco mais de 23 horas e 56 minutos. A Terra está se desacelerando aos poucos em sua órbita, e o dia vem ficando cerca de 1,7 milissegundos mais comprido a cada século. Não parece muito, mas se acumula com o tempo. Cerca de 620 milhões de anos atrás, quando organismos mais interessantes do que o limo começaram a surgir, o dia tinha apenas 21,9 horas de duração. No entanto, os dinossauros teriam um ritmo circadiano mais próximo do nosso, com um dia de cerca de 23 horas e 40 minutos.

Jet lag

Quer durma com as corujas, quer acorde com as galinhas, se fizer um voo demorado que atravesse vários fusos horários é provável que você sofra de *jet lag*. Ele ocorre quando o ritmo circadiano sofre grave perturbação — por exemplo, quando você tem de se deitar quando o corpo acha que é meio-dia ou ir a reuniões quando o corpo pensa que passa da meia-noite.

Em poucos dias, a exposição ao padrão de dia e noite força o relógio corporal a se sincronizar com o fuso horário local, e você se sentirá melhor.

O relógio corporal dos adolescentes

Mary Carskadon, professora de comportamento humano da Universidade Brown, nos EUA, fez pesquisas extensas sobre o ritmo circadiano de crianças e adolescentes. Seus achados confirmam o que qualquer adolescente lhe dirá: eles realmente não conseguem se levantar às sete da manhã e agir normalmente.

DÁ PARA EVITAR O *JET LAG*?

A melatonina é um hormônio produzido pela glândula pinel, no fundo do cérebro. Ela tem um papel importante na regulação do ritmo circadiano. A melatonina é produzida quando escurece e ajuda a regular a temperatura do corpo durante o sono. Estudos constataram que, depois de um voo, tomar melatonina por via oral na hora de dormir reduz o *jet lag* de nove em dez pessoas. O *jet lag* é pior e a melatonina é mais eficaz quando se voa para leste e se cruzam quatro ou mais fusos horários.

Combinar soníferos para dormir e café para ficar acordado não é um tratamento eficaz para o *jet lag*. Dormir no avião não reduz o *jet lag*, a não ser que seja num horário em que você normalmente dormiria. Nenhuma dessas abordagens reajusta o relógio interno do corpo. A desidratação piora o *jet lag*, portanto bebidas alcoólicas para esquecer as horas não vão adiantar.

Se você só vai viajar poucos dias, não vale a pena tentar reajustar seu relógio corporal na viagem. Fora isso, fique no escuro pelo menos três horas depois de chegar, se estiver voando para leste. Se estiver voando para oeste, saia ao sol assim que chegar.

104 | CAPÍTULO 10

Na puberdade, o cérebro passa por muitas mudanças, inclusive mudanças do relógio corporal biológico. Isso equipa o adolescente para a vida e lhes permite ficar até tarde nas festas e shows e dormir até o meio-dia ou mais, mesmo com todos os despertadores e gritos dos pais. Infelizmente, como Carskadon ressalta, não o prepara para um dia na escola ou na faculdade que começa às 7h ou 7h30.

Carskadon mostrou que, mesmo quando vão dormir cedo, os adolescentes não conseguem adormecer. Levantar--se cedo para a escola provoca privação de sono durante a semana, e eles ficam desesperados para recuperar o sono no fim de semana — e por isso só se levantam à tarde. Os adolescentes precisam de $9\frac{1}{4}$ horas de sono e, geralmente, não conseguem dormir antes das onze da noite; é impossível dormir tudo o que precisam e chegar à escola na hora. Os estudos de Carskadon mostram que o descompasso entre o dia escolar e a necessidade biológica dos adolescentes tem muitos efeitos, como o mau desempenho nos estudos e resultados abaixo da capacidade. Ela acredita que o dia escolar deveria ser alterado para acomodar o ritmo biológico diferente dos adolescentes, mas a confusão que isso causaria para os outros torna bastante improvável que a mudança aconteça.

Doença do sono?

A falta de sono também pode causar transtornos psiquiátricos, como a depressão. A psicóloga Jane Ansell constatou que cerca de 50% dos adolescentes da Escócia sofrem de privação do sono. Alguns foram incorretamente diagnosticados com transtorno de déficit de atenção com hiperatividade (TDAH) e outros problemas quando só precisavam dormir mais.

CTRL-ALT-DEL?

No caso de quem trabalha em turnos, o relógio corporal se atrapalha eternamente, e isso tem graves consequências para a saúde. Um estudo publicado em 2014 verificou que trabalhar no turno da noite desorganizava a atividade de quase 6% de nossos genes. Como os genes não são perturbados de forma homogênea, partes diferentes do corpo acabam funcionando com relógios diferentes. Um dos pesquisadores comparou a situação a ter relógios em todos os cômodos da casa, cada um marcando uma hora diferente. Além dos danos psicológicos, o efeito duradouro pode incluir danos físicos como obesidade, diabete e cardiopatia.

CAPÍTULO 11

Dá Para Morrer de Tédio?

Ficar entediado envolve mais do que você imagina.

108 | CAPÍTULO 11

Quem tem filhos conhece esse grito de dor típico das férias: "Que chatice! Não tenho nada pra fazer". O tédio tem algum propósito? Por que nos entediamos?

Essa caverna chata...

Na pré-história, os homens (e mulheres) das cavernas se entediavam? Será por isso que pintavam as paredes? Se for, as mulheres é que mais se entediavam, pois a pesquisa que comparou tamanhos de dedos e palmas mostra que a maioria das pinturas foi criada por mulheres. E, quando se cansavam de pintar coisas reconhecíveis, parece que praticavam um jogo que envolvia pular o mais alto possível, como demonstrado por grupos de círculos feitos com a ponta dos dedos no teto de algumas cavernas.

> "O tédio não é um produto final; comparativamente, é um estágio bastante precoce na vida e na arte. É preciso aceitar ou passar pelo tédio, como por um filtro, antes que surja o produto claro."
>
> F. Scott Fitzgerald

O demônio do meio-dia

O tédio das tarefas rotineiras não é igual ao tédio de não fazer nada. Muita gente tem empregos genuinamente tediosos: tiram objetos de prateleiras e os põem em carrinhos para montar pedidos num armazém ou supermercado. Limpam o chão de prédios vazios. Cumprem tarefas repetitivas que não são gratificantes e não envolvem o trato com outras pessoas.

Também há pessoas com empregos que deveriam ser menos chatos, mas nem assim conseguem gostar deles. Fitamos a tela do computador ou a janela, mexemos no celular, visitamos uma rede social, mesmo que o trabalho seja algo que, em princípio, nos interessa. O problema não é novo. Esse perambular da mente era chamado pelos monges medievais de "acédia" ("ἀκηδία") e de demônio do meio-dia (nome depois usado para a depressão). Era conhecido dos padres do deserto, aqueles primeiros ascetas cristãos que dedicavam seu tempo à contemplação, à filosofia e ao estudo. Não é o mesmo tipo de tédio. É estar aberto a distrações, embora tenhamos algo a fazer que deveria ser desafiador e envolvente.

Esses primeiros escritores reconheciam o problema de tentar se manter concentrados na atividade intelectual quando em solidão. São Cassiano escreve sobre Paulo, vivendo no deserto mais provido de tudo o que precisa, passando seus dias fazendo coisas com folhas de tamareira e então, no fim do ano, queimando tudo, porque, "sem trabalhar com as mãos, o monge não aguenta viver em seu lugar nem consegue subir para mais perto do cume da santidade; e embora a necessidade de ganhar a vida não o exija, que seja feito somente para o expurgo do coração, a firmeza do pensamento, a perseverança na cela e a conquista e derrota final da própria acédia".

Isso recorda o adágio "a ociosidade é a mãe de todos os vícios". O monge que não tiver nada que precise fazer mesmo assim precisa fazer alguma coisa, porque não fazer nada é

> *"O demônio da acédia, também chamado de demônio do meio-dia, é o que causa o problema mais grave. Ele ataca o monge por volta da quarta hora e sitia a alma até a oitava hora. Em primeiro lugar, faz parecer que o sol mal se move, caso se mova, e que o dia dura cinquenta horas. Depois, obriga o monge a olhar constantemente pela janela, a andar fora da cela, a fitar cuidadosamente o sol para determinar quanto falta para a oitava hora, a olhar agora para cá, então para lá, para ver se talvez [um dos irmãos sai de sua cela] [...]. Esse demônio o força a desejar outros lugares onde possa atender mais facilmente às necessidades da vida, mais prontamente encontrar trabalho e obter para si sucesso real."*
>
> Evágrio Pôntico, 345-399 d.C.

perigoso. O trabalho intelectual o torna especialmente propenso a esse tipo de fastio ou perambulação mental. Portanto, o monge precisa trabalhar com as mãos para ser capaz de tolerar o trabalho de pensar.

Mãos e cérebros

A neurociência moderna sugere outra possibilidade, mais prática do que demônios com a tarefa de distrair os santos. Um estudo com ratos revela que a falta de atividade física realmente muda o formato das células do cérebro.

Pesquisadores da Escola de Medicina da Universidade Estadual de Wayne, em Detroit, no estado americano de Michigan, dividiram doze ratos em dois grupos. Um grupo foi posto em gaiolas com uma roda para correr, e logo os ratos corriam cinco quilômetros por dia. O outro grupo foi posto em gaiolas sem rodas, e os ratos levavam uma vida sedentária. Em três meses, os ratos inativos tinham criado ramos extras nos neurônios de parte do cérebro. Isso os deixou supersensíveis a estímulos e propensos a enviar mais sinais nervosos em volta do cérebro. Os pesquisadores estavam interessados nas consequências para o coração. No entanto, parece que o "cérebro inquieto" da inatividade é um fenômeno neurológico genuíno e não uma simples predisposição à distração.

> *Tudo em mim é a tendência para ser a seguir outra coisa: uma impaciência da alma consigo mesma, como com uma criança inoportuna; um desassossego sempre crescente e sempre igual. Tudo me interessa e nada me prende. Atendo a tudo sonhando sempre."*
>
> Fernando Pessoa, 1888-1935, poeta e escritor

Cansado de não fazer nada

Estar entediado porque não tem nada para fazer é muito diferente de não conseguir se envolver totalmente nem prestar atenção a uma tarefa. É possível ficar entediado porque há opções demais de atividade. Por exemplo, a criança entediada nas férias pode ter muitas opções — andar de bicicleta, brincar com seus brinquedos ou com amigos, ler — mas nada disso a atrai. Como o tédio de cumprir uma tarefa, isso é uma falha da atenção. Nenhuma das atividades possíveis prende a atenção da criança.

Geralmente, pensamos no tédio como algo bastante trivial, mas ele já foi associado à depressão e aos transtornos de ansiedade. A expressão *"bored to death"* ("entediado até a morte" ou, mais propriamente, "morto de tédio") foi cunhada por Charles Dickens em *A casa soturna*. Foi a primeira vez em que a palavra *bored* foi usada para indicar um tipo de mal-estar espiritual. A rica e melancólica Lady Dedlock é descrita "na desolação do Tédio e nas garras do Gigantesco Desespero".

O tédio — não ter nada para fazer — também já foi responsabilizado pelo comportamento criminoso e antissocial ou por comportamentos de risco, como tomar drogas e jogar compulsivamente, pois as pessoas buscam emoções fortes para animar sua vida monótona.

A angústia causada pelo tédio é reconhecida em seu uso como punição nas penitenciárias do mundo inteiro. Mas é importante manter o equilíbrio.

"Ela só disse: 'Minha vida é enfadonha' ": esboço de W. E. F. Britten para Mariana, a heroína entediada de Tennyson.

112 CAPÍTULO 11

> **OPÇÕES DEMAIS**
>
> Opções demais podem ser tão ruins quanto opções de menos. Por exemplo, quando um restaurante tem apenas três ou quatro cardápios fixos, é fácil escolher um deles. Mas quando o restaurante tem páginas e mais páginas de opções, será muito mais difícil se decidir.

O tédio é uma questão de vida ou morte em vários aspectos. Quando os presos se entediam, o tédio pode ser fatal. Quando lhe perguntaram por que matara outro preso na penitenciária de Long Larton, na Inglaterra, o assassino

> *"E estou morta de tédio por isso. Morta de tédio com este lugar, morta de tédio com minha vida, morta de tédio comigo."*
>
> Lady Dedlock, *A casa soturna*, Charles Dickens, 1852-1853

disse: "Estou entediado, precisava fazer alguma coisa." É uma desculpa repetida por muitos adolescentes "entediados".

O filósofo e matemático Blaise Pascal, do século XVII, considerava o tédio mais do que trivial. Ele o via como um tipo de angústia existencial terrível que só poderia ser tratada enchendo a vida de propósito, e esse propósito era Deus. Em *Pensées*, Pascal disse: "Buscamos repouso numa luta contra alguns obstáculos. E, quando os superamos, o repouso se mostra insuportável pelo tédio que produz [...] só um objeto infinito e imutável — isto é, o próprio Deus — pode preencher esse abismo infinito."

Mais tarde, tanto Arthur Schopenhauer (1788-1860) quanto Martin Heidegger (1889-1976) escolheram esse tema, com conclusão previsivelmente lúgubre. Schopenhauer defendia que, se a vida tivesse valor real, nunca ficaríamos entediados, porque a própria vida bastaria. Heidegger concordava, embora com um veredito não tão condenatório sobre a vida: "O tédio profundo, que flutua de lá para cá nos abismos de nossa existência como uma neblina abafada, elimina consigo todas as coisas, os homens e a si mesmo, numa indiferença extraordinária. Esse tédio revela o ser como um todo."

Então, o que fazer com aquela criança entediada?

Primeiro, deixe-a ficar entediada algum tempo. Sentir tédio é útil; o tédio é o pai de muitos projetos criativos (ver a citação de F. Scott Fitzgerald na página 108). As crianças precisam aprender a se ocupar e a gerenciar seu tempo; é uma habilidade importantíssima na vida. Precisam descobrir o que as interessa ou não; não podem fazer isso se lhe fornecem uma torrente constante de diversões.

A única coisa que os psicólogos acham que você não deve fazer é largar seu filho entediado diante de um televisor, de um computador ou de um celular. As atividades baseadas

A angustiada Lady Dedlock de Charles Dickens, primeira personagem de ficção a "morrer de tédio".

114 CAPÍTULO 11

> ## TELAS OU GRITOS?
> Para os pais cansados, é tentador estacionar o filho pequeno diante da TV ou lhe dar um computador de mesa ou um celular para brincar, mas a Academia Americana de Pediatria aconselha a não fazer isso. O tempo de tela recomendado por eles para as crianças é:
>
> - Até os 2 anos: nenhum
> - De 3 a 6 anos: 4 a 6 horas por semana, com as atividades discutidas e escolhidas com cuidado
> - De 6 a 14 anos: 6 a 8 horas por semana (uma pesquisa de 2010 constatou que pessoas de 8 a 18 anos passavam em média 7½ horas por dia nas mídias eletrônicas)
> - 14 a 18 anos: deixe que estabeleçam seus limites, discutidos com você. Eles precisam aprender a se autorregular.

em telas produzem no cérebro pequenas doses de dopamina, substância que contribui para o aprendizado e a concentração. É fácil as crianças se acostumarem ao nível mais alto de dopamina e depois terem dificuldade para se concentrar em atividades que não liberem a mesma dose. As crianças que usam telas durante muito tempo têm mais dificuldade de se concentrar em atividades sem tela. Se quiser desmamá-las das telas mais tarde, será mais difícil do que ajudá-las a encontrar algo para fazer agora.

É claro que o mesmo serve para você. Quando estiver entediado, um jogo no computador, uma sessão nas redes sociais ou uma caixa de DVDs podem deixá-lo feliz e entretido, mas aumentam sua propensão a sentir tédio mais tarde.

CAPÍTULO 12

Até Que Ponto Você É Cruel?

Talvez você ache que nunca prejudicaria quem não o prejudicou. Tem certeza?

Você daria choques elétricos em outra pessoa inocente de qualquer crime só porque mandaram? Somos muito mais suscetíveis à autoridade do que gostamos de pensar.

A incredulidade com que os alunos de Ron Jones ouviram sua descrição da Alemanha nazista é uma reação comum (ver o capítulo 3). A maioria das pessoas normais acha difícil acreditar que cidadãos alemães comuns como qualquer um de nós pudessem ser convencidos a torturar e executar outros seres humanos. Os alemães que se tornaram nazistas eram diferentes de nós?

"Onde queimam livros, queimarão, afinal, também seres humanos." No século XIX, o poeta e dramaturgo Heinrich Heine previu as consequências terríveis da intolerância combinada ao "pensamento de grupo".

A experiência de Milgram

Stanley Milgram, psicólogo da Universidade de Yale, no estado americano de Connecticut, estava interessado na desculpa dada por muitos ex-nazistas de que apenas cumpriam ordens. Ele queria saber até onde as pessoas comuns iriam para conquistar as boas graças de seus superiores. E decidiu descobrir.

Em 1961, Milgram recrutou quarenta voluntários para ajudá-lo num estudo da aprendizagem; todos eram homens entre 20 e 50 anos (portanto, comparáveis aos

> *"Quando pensamos na longa e sombria história do homem, descobrimos que crimes mais horrendos foram cometidos em nome da obediência do que em nome da rebelião."*
>
> C. P. Snow, 1961

que teriam se tornado guardas da SS na Alemanha nazista). Ele lhes disse que receberiam aleatoriamente o papel de aprendizes ou professores, mas na verdade todos os voluntários seriam professores e todos os "aprendizes" eram auxiliares de Milgram — atores orientados a representar seu papel. Os professores foram instruídos a fazer perguntas a um aprendiz numa sala vizinha. Disseram-lhes que o aprendiz estaria preso numa cadeira, com dois eletrodos no corpo. Se a resposta do aprendiz estivesse errada, o voluntário (professor) lhe daria um choque elétrico. Disseram aos voluntários que os choques seriam dolorosos, mas não prejudiciais. No início, seriam choques leves, mas ficariam mais fortes conforme o aprendiz desse mais respostas erradas, aumentando progressivamente (disseram aos voluntários) de 15 volts a 450 volts — um nível perigoso.

Tortura roteirizada

Conforme a experiência avançava, era possível ouvir os gritos do aprendiz, lutando na cadeira e implorando para ser solto enquanto, aparentemente, era submetido a mais e mais dor. Com 300 volts, segundo o roteiro, o aprendiz batia na parede, implorando para ir embora. Acima desse nível de choque, o aprendiz ficava em silêncio. Disseram ao

voluntário que considerasse o silêncio como resposta errada e continuasse aumentando os choques. O experimentador ficava na sala com o voluntário e, se o voluntário reclamasse da ideia de ministrar os choques, incentivava-o usando as seguintes reações previstas, na ordem:

1. Por favor, continue.
2. O experimento exige que você continue.
3. É absolutamente essencial que você continue.
4. Você não tem opção além de continuar.

Só diga sim

O resultado publicado por Milgram foi alarmante. Todos os voluntários continuaram a dar choques até 300 volts, e quase dois terços (65%) continuaram até o nível mais alto de 450 volts. Milgram concluiu que temos uma ânsia avassaladora de obedecer às figuras de autoridade, mesmo quando são aparentemente tão sem poder quanto um pesquisador científico.

Milgram interrogou seus voluntários, lhes explicou o experimento e anotou como reagiram. Pelas reações, ele identificou três tipos de voluntário:

> *"Será que Eichmann e seus milhões de cúmplices no Holocausto só estavam cumprindo ordens? Poderíamos chamar todos eles de cúmplices?"*
>
> Stanley Milgram, 1974

- Obedeceram, mas se justificaram: passaram a responsabilidade ao experimentador ou, em alguns casos, ao aprendiz (por sua burrice).
- Obedeceram, mas culparam a si mesmos; sentiram-se mal com o que tinham feito. Milgram achou que esse grupo poderia agir de forma diferente caso se encontrasse em situação semelhante no futuro.
- Rebelaram-se: recusaram-se a continuar com o experimento, citando a primazia do bem-estar do aprendiz sobre a necessidade do experimento.

> *"Montei uma experiência simples na Universidade de Yale para testar quanta dor um cidadão comum infligiria em outro simplesmente porque um cientista pesquisador mandou. A autoridade pura foi contraposta aos imperativos morais mais fortes dos participantes contrários a ferir os outros e, com os ouvidos dos participantes tilintando com os gritos da vítima, a autoridade venceu com mais frequência. A extrema disposição dos adultos de fazer quase qualquer coisa por ordem de uma autoridade constitui o principal achado do estudo e o fato que exige explicação com mais urgência."*
>
> Stanley Milgram, 1974

As circunstâncias da obediência

Milgram repetiu o experimento, alterando alguns aspectos do

120 | CAPÍTULO 12

ambiente para ver que fatores afetavam o nível de obediência. Ele descobriu que o nível de obediência era mais alto no ambiente sagrado da Universidade de Yale e mais baixo num escritório dilapidado no centro da cidade. O nível era mais alto quando o experimentador usava guarda-pó e mais baixo quando usava roupas comuns. As pessoas eram mais obedientes quando a figura de autoridade (o experimentador) estava na sala em vez de dar instruções por telefone. Finalmente, a obediência aumentou consideravelmente quando as pessoas não tinham de apertar elas mesmas o botão para dar o choque e delegavam a tarefa a um assistente.

A teoria da agência de Milgram

Para explicar o zelo com que pessoas comuns se comportavam de maneira pavorosa, Milgram propôs sua "teoria da agência". Ele afirmou que temos dois estados diferentes: autônomo e "agêntico".

No estado autônomo, as pessoas fazem suas escolhas e assumem a responsabilidade por suas ações. São governadas por um conjunto próprio de padrões e valores. No estado agêntico, elas atuam como agentes, cumprindo ordens e sentindo que não têm responsabilidade nenhuma por suas ações porque não as sancionaram pessoalmente.

> *"Pessoas comuns, simplesmente cumprindo suas tarefas e sem nenhuma hostilidade específica de sua parte, podem se tornar agentes de um terrível processo destrutivo. Além disso, mesmo quando o efeito destrutivo de seu trabalho se torna claro e patente e lhe pedem que realizem ações incompatíveis com padrões fundamentais de moralidade, relativamente poucas pessoas têm os recursos necessários para resistir à autoridade."*
>
> Stanley Milgram, 1974

Até Que Ponto Você É Cruel? | 121

Sobreviventes traumatizados do massacre de My Lai.

Quando diante de uma figura de autoridade, afirmou Milgram, a maioria passava por uma "mudança agêntica" do estado autônomo para o obediente. Isso explica por que os soldados americanos obedeceram à ordem de matar civis vietnamitas desarmados na aldeia de My Lai, em 1968, por que soldados sérvios na Bósnia estupraram mulheres como um ato de guerra e por que tantas atrocidades foram cometidas contra inocentes em Ruanda, nos Estados Bálticos e no Iraque nos últimos vinte anos. Os críticos se queixam de que nenhum mecanismo dessa mudança foi demonstrado e é difícil ver como ela poderia ser mensurada.

Era verdade?

A metodologia de Milgram foi criticada, assim como sua prática de levar os voluntários a pensar que estavam prejudicando alguém. Em 2013, a psicóloga Gina Perry publicou os achados de sua pesquisa sobre o arquivo de Milgram. A apresentação dos resultados pelo pesquisador foi um tanto seletiva, pois ele reuniu todos os estudos para obter uma taxa de obediência de 65%. Alguns voluntários desconfiaram do logro, e outros "infligiram" sub-repticiamente choques de voltagem mais baixa (embora a intensidade dos gritos ainda aumentasse). Alguns pediram para ver o aprendiz ou para trocar de lugar com ele (pedidos recusados), e o experimentador frequentemente saiu do roteiro para importunar ou coagir o voluntário a obedecer. Além disso, a amostra de Milgram era um grupo de homens americanos autosselecionados. Isso pode ser considerado representativo da população em geral?

Quer os resultados do estudo de Milgram sejam confiáveis ou estatisticamente precisos, quer não, é claro que uma proporção significativa das pessoas levará a obediência a ponto de infligir voluntariamente danos graves a outros. Talvez não haja um nazista interior em todos nós, mas há uma tendência alarmante a fazer o que nos mandam, mesmo que duvidemos da moralidade ou da sabedoria da ordem.

Os nazistas aproveitaram as fraquezas psicológicas humanas — a necessidade de aceitação pelo grupo e o medo de represálias — com resultados devastadores.

DIRETO DA FONTE

Em seu julgamento em Jerusalém, em 1960, o criminoso de guerra nazista Adolf Eichmann referiu-se várias vezes a seu papel de obediência impotente, embora fosse um dos principais responsáveis pela organização do Holocausto. Ele se descreveu como "um dos muitos cavalos que puxavam a carroça, e não podia escapar para a direita nem para a esquerda por causa da vontade do cocheiro".

"Desde a infância, a obediência foi algo que não pude tirar de meu organismo. Quando entrei nas forças armadas, com 27 anos, descobri que ser obediente não era nem um pouquinho mais difícil do que durante minha vida até então. Era impensável que eu não obedecesse às ordens.

"Pessoalmente, não tive nada a ver com isso. Meu trabalho era observar e fazer relatórios.

"Obedecer às ordens era a coisa mais importante para mim. Talvez seja a natureza do alemão.

"Agora que me recordo, percebo que uma vida baseada em ser obediente e cumprir ordens é uma vida muito confortável mesmo. Viver dessa maneira reduz ao mínimo a necessidade própria de pensar."

Adolf Eichmann, 1960

CAPÍTULO 13

Por Que Você Desperdiça Meu Tempo?

É grosseria desperdiçar o tempo dos outros. Portanto, é preciso convencê-los de que o tempo não foi desperdiçado.

126 | CAPÍTULO 13

Sabemos que o tempo é uma mercadoria valiosa e nos frustramos quando somos forçados a desperdiçá-lo. Não importa que a maioria já desperdice muito tempo; é diferente quando você escolhe assistir a alguma bobagem na TV ou fitar a janela. O que realmente não gostamos é quando nos forçam a esperar.

Fila silenciosa

Por mais improvável que pareça, há pessoas especializadas na gestão de filas: elas fazem as pessoas se sentirem bem e as incentivam a achar que têm a melhor experiência possível. Quando se sentem ignoradas, as pessoas na fila têm mais probabilidade de se irritar, criar problemas, gastar menos ou preferir não voltar. Investir na gestão de filas pode trazer dividendos.

O AEROPORTO EFICIENTE DEMAIS

O aeroporto de Houston, nos EUA, estava recebendo muitas reclamações de passageiros que tinham de esperar para pegar a bagagem. O aeroporto reagiu contratando mais funcionários para que as malas fossem descarregadas mais depressa. O tempo médio de espera se reduziu para oito minutos — mas o nível de reclamações continuou o mesmo.

A solução seguinte do aeroporto foi um golpe de gênio. Eles mudaram a área de recuperação de bagagens para bem longe do portão de desembarque. Os passageiros tiveram de andar muito mais do que antes e passar quase todo o tempo de espera caminhando até as esteiras. Em vez de esperar oito minutos junto à esteira, eles andavam seis e esperavam dois.

As reclamações pararam. As pessoas não sentiam mais que desperdiçavam seu tempo.

As empresas que vendem serviços que envolvem esperar muito ou fazer fila aproveitam a pesquisa psicológica sobre filas e comportamento de espera. Se conseguirem convencer os clientes a ficar contentes com a fila, é muito menos provável que se queixem do tratamento recebido e muito mais provável que retornem. Walt Disney emprega 75 engenheiros industriais no mundo inteiro para auxiliar a gestão das filas de seus parques temáticos.

Quanto tempo tenho de esperar?

Geralmente as pessoas superestimam o tempo em que ficaram esperando. Quando lhes perguntam, afirmam ter esperado, em média, 36% mais tempo do que na verdade.

A fúria das filas é um fenômeno tão real quanto a fúria das estradas, mas pode ser reduzida se as pessoas na fila forem bem informadas. Quando sabem quanto tempo terão de esperar, é menos provável que se irritem, a não ser que a espera seja maior do que lhes foi dito. Alguns parques temáticos anunciam um tempo de espera nos brinquedos um pouco exagerado, para que as pessoas fiquem agradavelmente surpresas com a duração da espera. Elas saem achando que não tiveram de esperar demais e que, de certo modo, venceram o sistema. Por exemplo, no curso comum dos eventos, as pessoas reclamariam de esperar meia hora. Mas, se achassem que esperariam 40 minutos, é menos provável que reclamem, porque agora sentem que "ganharam" dez minutos.

Você não está fazendo nada

Outra maneira de manter as pessoas calmas é lhes dar algo a fazer: assistir a anúncios ou notícias numa tela, por exemplo. Hoje, há telas por toda parte. É possível assistir ao no-

128 | CAPÍTULO 13

ticiário no ônibus, no trem, nos correios e na sala de espera dos hospitais. Às vezes, podemos ser recompensados (ou subornados) com balinhas gratuitas na recepção do hotel ou café grátis numa clínica ou cabeleireiro. É um pagamento escasso por nosso tempo precioso, mas não pensamos assim, porque o valor de nosso tempo foi reconhecido e nos ofereceram algo em troca — mesmo que seja algo praticamente sem valor.

Não se preocupe

Uma das razões para as pessoas não gostarem de esperar é que isso as deixa ansiosas. Elas se preocupam com o tempo que estão perdendo e, às vezes, com o que vem depois da espera (uma sessão na cadeira do dentista, por exemplo). Se a demora for grande demais, também podem achar que foram esquecidas.

Falar com alguém ou ser levado para outra área ajuda a aliviar a ansiedade, pois as pessoas sentem que estão sendo "atendidas" ou "auxiliadas". Esperar como parte de um processo incomoda menos do que esperar que o processo comece. Assim, embora não faça diferença para o tempo total de espera no consultório, você se sentirá menos frustrado se, em quinze minutos, o mandarem de uma área de espera a outra.

Se uma enfermeira anotar um histórico rápido de seu problema ou lhe pedir que preencha um questionário, você se sentirá ainda melhor, porque parece que não está mais desperdiçando seu tempo — mesmo que a enfermeira não faça nada com as informações fornecidas.

> **"Muitas vezes, a psicologia da fila é mais importante do que a estatística da espera em si."**
>
> Richard Larson,
> Massachusetts Institute of Technology (MIT)

Quando a espera lhe é vendida

Você já passou por uma loja da Apple no dia do lançamento de um novo iPad ou iPhone? A fila costuma dar a volta no quarteirão — mas ninguém se importa. O mesmo acontecia com quem fazia fila à meia-noite para comprar o último livro de Harry Potter. Não é a mesma coisa de fazer fila para a compra de entradas para um show ou festival popular; há uma quantidade limitada de entradas e só uma oportunidade de comprar. Ninguém acredita que a Apple não vá fazer tantos iPhones quanto puder vender, e os iPhones não estarão à venda só no primeiro dia.

A ilusão de exclusividade é criada com o nível alto de preço — e com a fila. As pessoas passam um tempo enorme na fila só para comprar um celular novo alguns dias antes dos outros. Vão até se gabar do tempo que ficaram esperando e fazer amizade com as outras pessoas da fila.

A agência e sua falta

Uma das razões pelas quais não gostamos de filas é que sentimos não ter controle sobre a situação. Na linguagem da psicologia, essa "falta de agência" faz a gente se sentir mal. Agência é a sensação de que atuamos como agentes independentes, que nosso destino está em nossas mãos. É uma combinação de empoderamento com autodeterminação.

Em grande escala, a falta de agência é muito prejudicial e causa frustração, raiva e até depressão. Quando lhe pedem que descreva sua história e circunstâncias pessoais, quem sofre de depressão frequentemente localiza a fonte de seus problemas fora de si. Fala de coisas que lhe acontecem e do que os outros fizeram que lhe causou impacto. Quem não está deprimido tende a se pôr no centro da própria narrativa e diz o que fez

130 | CAPÍTULO 13

ou como reagiu a eventos externos. Não representa os fatos externos como força motriz da vida.

Pão, circo e show de talentos

É possível distrair as pessoas de sua falta de agência, e muitos sistemas políticos tentaram fazer isso (geralmente, com sucesso). Quando se sentem sem poder, as pessoas se agarram a qualquer situação que pareça concedê-lo ou qualquer coisa que pareça confirmar seu valor.

> *"Já faz muito tempo, desde quando não vendíamos nossos votos para ninguém, o povo abdicou de seus deveres, o povo que outrora distribuía o comando militar, os altos cargos civis, as legiões – tudo, enfim – hoje se restringe e aguarda ansioso apenas duas coisas: pão e circo."*
>
> Juvenal, *Sátiras* (X)

Hoje, as pessoas são tamponadas por forças econômicas e políticas fora de seu controle e, portanto, se sentem impotentes. Em resposta, adotam pequenos atos de agência, ou falsa agência, votando em concursos de talentos e *reality shows* e "fazendo ouvir sua voz" nas mídias sociais. Você votou no vencedor do show de talentos? Então fez acontecer. Tuitou seu desagrado com uma reportagem? Então faz parte da "conversa".

BOTÕES QUE NADA FAZEM

Sabe aqueles botões nos semáforos que você aperta para mudar as cores? Em geral, eles não fazem nada disso. As luzes seguem uma sequência fixa, e os botões não têm efeito nenhum. São os chamados "botões placebo". O botão de "Fechar porta" do elevador geralmente funciona (ou não) com um princípio semelhante. Esses botões nos dão uma sensação de agência e nos deixam menos impotentes enquanto esperamos que o sinal abra ou que o elevador chegue.

CAPÍTULO 14

Por Que Ninguém Ajudou?

Deixar de ajudar alguém em dificuldade é um simples ato de falta de coração? Ou é mais complicado?

132 | CAPÍTULO 14

Você já viu algo ruim acontecer e notou que as pessoas passavam sem ajudar? Talvez também tenha passado sem ajudar? Às vezes nos dizemos que não queremos nos envolver. Se for uma briga de casal, podemos dizer que não é da nossa conta. Se for uma situação perigosa, podemos dizer que não queremos nos machucar. E quando alguém sofre um acidente, desmaia ou tem uma convulsão? As pessoas ainda vão passar direto, mesmo que não haja risco para si nem probabilidade de se intrometer de maneira desagradável. É a chamada "apatia do espectador" e não se aplica simplesmente a ajudar os outros; pode se estender até à nossa proteção.

> **O ASSASSINATO DE KITTY GENOVESE**
>
> **Kitty Genovese foi uma ítalo-americana atacada e assassinada em Nova York, em 1964. Os jornais contaram que 38 pessoas assistiram ao ataque ou o ouviram, mas nenhuma delas ajudou Kitty. Relatos posteriores contestaram que tanta gente soubesse do ataque ou que ninguém tivesse ajudado. Mas, fossem quais fossem os eventos, o caso provocou um estudo psicológico abrangente sobre essa "apatia do espectador", hoje às vezes chamada de "síndrome de Genovese".**

Quem vai ajudar?

Embora provavelmente seja perigoso intervir num homicídio, buscar ajuda para alguém que sofre um ataque epilético parece algo óbvio e humano a fazer. Mas pouquíssimas pessoas ajudarão a vítima.

Em 1968, incentivados pelo caso Genovese, John Darley e Bibb Latané montaram uma experiência na Universidade de Colúmbia para descobrir se as pessoas ajudariam um desconhecido em dificuldades. Pediram que voluntários partici-

Por Que Ninguém Ajudou? | 133

passem de um estudo psicológico sobre problemas pessoais. Como acontece com os experimentos de psicologia, a história era falsa. Como as questões discutidas eram particulares, todas as conversas aconteceriam por intercomunicador. Era importante que os participantes não se vissem. Havia um, quatro ou nenhum outro participante em cada estudo.

No meio de uma discussão, um dos participantes (na verdade, combinado com os pesquisadores) fingia uma convulsão. Gaguejava, pedia ajuda, dizia que estava mal, ficava cada vez mais angustiado e dizia que achava que ia morrer. Os outros participantes podiam ouvi-lo e ouvir-se uns aos outros pelo intercomunicador. No começo da experiência, diziam-lhes que era importante que todos os participantes permanecessem anônimos; correr para ajudar alguém comprometeria sua anonimidade.

Darley e Latané descobriram que, quando havia um número maior de pessoas envolvidas na discussão, era menos provável que alguém ajudasse. Embora não pudessem ver os outros participantes, eles sabiam onde cada um estava. Parecia que cada pessoa sentia que tinha menos responsabilidade com o desconhecido em apuros porque havia outras pessoas em volta que poderiam ajudar. O histórico e o gênero dos indivíduos não fez diferença se cada um ajudava ou não.

Quando era a única pessoa envolvida, o/a participante tentava ajudar 85% das vezes. Isso caía para 31% quando havia várias pessoas envolvidas na discussão.

Indiferente, não

As pessoas que não ajudaram não ficaram indiferentes ao sofredor. Mostraram sintomas de angústia e preocupação,

134 | CAPÍTULO 14

> **BONDADE HUMANA?**
>
> Em 2011, uma menina de 2 anos foi atropelada por um caminhão na cidade chinesa de Foshan. A menina Yue Yue ficou sete minutos na rua e foi novamente atropelada enquanto as pessoas caminhavam e pedalavam perto dela. Finalmente, uma mulher removeu a criança para a beira da rua. Mais tarde, Yue Yue morreu dos ferimentos no hospital. Em resposta ao furor global que se seguiu, sugeriu-se que os indivíduos tinham relutado em ajudar porque não queriam ser responsáveis pelo custo do tratamento da menina. Na província de Guangdong, houve discussões sobre uma lei que tornasse ilegal ignorar uma pessoa em apuros.
>
> Mas essa minimização da natureza cruel do comportamento humano parece ter sido uma pista falsa. Em 2009, em Richmond, na Califórnia, vinte pessoas assistiram ao estupro e ao assassinato de uma menina de 15 anos. Ninguém pediu ajuda, ninguém interveio; algumas pessoas até filmaram com o celular. Mais tarde, os espectadores disseram que acharam que era brincadeira — pessoas fazendo bagunça —, mas ninguém foi verificar e ninguém perguntou se ela precisava de auxílio.

com suor e tremores. Pareciam presas entre o medo da vergonha ou de estragar a experiência e aflição com o destino da pessoa em convulsão. Quando não havia outros participantes, era muito mais provável que a pessoa ajudasse. Quando havia outros, claramente esperavam que alguém fizesse o que era necessário: confiaram que outra pessoa ajudaria.

Como os agressores se dão bem

Se as pessoas evitam se envolver para interromper um estupro ou um assassinato ou mesmo para ajudar uma criança ferida, não surpreende que agressores prosperem e continuem a atormentar seus alvos. Seja no local de trabalho, seja no recreio, muita gente finge que não vê a agressão, como no caso de outros tipos de problema. E, quanto mais testemunhas há, mais cada uma acha que "o problema não é meu" e deixa que outra pessoa resolva.

Uma das razões para não intervir é a "ignorância pluralista", como dizem os psicólogos. Olhamos para ver como os outros reagem; se não fazem nada, supomos que interpretamos erradamente a situação. Não queremos parecer idiotas, e acompanhamos a posição da maioria. Mas se todo mundo fizer isso e ninguém souber o que está acontecendo, o sofredor não será ajudado.

CAPÍTULO 15

Você É o Melhor "Você" Possível?

Quem é você? Quem você quer ser? Os dois são a mesma coisa?

138 | CAPÍTULO 15

No decorrer da história, os filósofos e líderes religiosos sugeriram de que modo as pessoas poderiam melhorar a si e a suas vidas. Hoje, os psicólogos se juntaram a eles, e surgiu todo um setor de livros de autoajuda, boa parte dos quais se aproveita de nossa insatisfação e insegurança. Então, como extrair o máximo de si e de seu tempo nesta Terra?

O que é autorrealização?

A meta pode ser chamada de iluminação ou salvação, satisfação pessoal ou, mais recentemente, autorrealização. Sob qualquer disfarce, trata-se de levar bem a vida, com significado e integridade. Embora as religiões costumem impor uma noção preconcebida de como viver de forma virtuosa, a autorrealização tem a ver com cumprir seu potencial, com ser a pessoa que você sente que deveria ser ou que mais quer ser — sua melhor versão. O ideal varia de pessoa para pessoa; é uma busca individual, sem roteiro único.

> *"O que um homem pode ser, ele tem de ser. Essa necessidade podemos chamar de autorrealização [...]Refere-se ao desejo de autossatisfação, ou seja, à tendência para tornar-se realizado naquilo que se é potencialmente. Essa tendência pode ser enunciada como o desejo de se tornar mais e mais o que se é, de tornar-se tudo o que se é capaz de tornar-se."*
>
> Abraham Maslow

As qualidades da autorrealização

Nas pessoas autorrealizadas que estudou, Maslow identificou as seguintes características em comum:

- Tinham uma visão realista de si mesmas e dos outros e aceitavam as pessoas como eram, tolerando falhas

- Eram engenhosas, independentes e autônomas
- Viam a realidade com clareza e julgavam as situações com sinceridade; em outras palavras, não eram fáceis de enganar
- Eram espontâneas
- Tendiam a ser pouco convencionais e não seguiam cegamente as normas e convenções estabelecidas
- Conseguiam tolerar a incerteza
- Precisavam de privacidade e de tempo para si
- Eram extremamente criativas
- Eram centradas numa tarefa ou problema fora de si mesmas
- Tinham um senso de humor incomum que não era às custas dos outros
- Tinham fortes padrões éticos, segundo os quais viviam
- Apreciavam o mundo e o viam com uma sensação de assombro e maravilhamento
- Tinham relacionamentos profundos e satisfatórios com algumas pessoas importantes em vez de um amplo círculo de relações superficiais

O líder sul-africano Nelson Mandela é um exemplo de indivíduo extremamente autorrealizado cuja vida inteira se concentrou na meta de liberdade e igualdade para os sul-africanos negros.

- Preocupavam-se com o bem-estar da humanidade
- Tinham "experiências de pico" (ver o quadro abaixo).

O caminho da autorrealização

Atingir a meta da autorrealização deveria ser tranquilo; só se exige que você seja verdadeiramente você. Mas muitos achamos isso dificílimo. Estamos preocupados demais com o que os outros pensam, com a necessidade de nos encaixar e com

EXPERIÊNCIAS DE PICO

Maslow identificou as "experiências de pico" como características das pessoas autorrealizadas. São episódios de intenso prazer ou sentimento de iluminação e descoberta que acontecem ao contemplar a grande arte, a beleza natural ou ao fazer uma descoberta intelectual ou outra realização pessoal. São extasiantes, transcendentais e fazem a pessoa se sentir parte de uma grande conexão com a natureza ou a espiritualidade. O efeito benéfico perdura depois que a experiência de pico termina.

Às vezes, as experiências de pico são classificadas como religiosas e reveladoras por quem as tem, e Maslow sugeriu que todas as religiões surgiram em consequência das experiências de pico de algum profeta ou "vidente". A pesquisa farmacológica reproduziu o efeito das experiências de pico com o psicotrópico psilocibina, presente nos "cogumelos mágicos" usados há milênios em determinados tipos de ritual religioso.

as expectativas dos outros. Esse desejo de fazer parte, afinal de contas, é algo que Maslow identificou como uma necessidade.

A sensação de pertencer ao grupo entra em conflito com a necessidade do autorrealizado de *não* ser governado pelas opiniões e expectativas dos outros? Talvez seja uma fonte de tensão, mas não de conflito. Os autorrealizados podem ter consciência do que se espera deles, mas têm objetividade e clareza de visão suficientes para distinguir expectativas que sejam simples resultado de hábitos não questionados e aquelas enraizadas em algo mais valioso que, portanto, vale a pena atender.

> **"Eu me sentia num tipo de êxtase com a ideia de estar em Florença, perto dos grandes homens cujos túmulos visitara. Absorto na contemplação de sublime beleza [...]cheguei ao ponto onde se encontram sensações celestiais [...]Tudo falava vividamente à minha alma. Ah, se eu pudesse esquecer. Tive palpitações do coração, que em Berlim chamam de 'nervos'. A vida me foi drenada. Eu andava com medo de cair."**
>
> Stendhal ao ver os afrescos de Giotto em Florença, 1817. Às vezes, o frenesi extasiado da experiência de pico causada pela contemplação de obras de arte é chamado de "síndrome de Stendhal".

Primeiros passos

Alguns passos rumo à autorrealização são mais fáceis do que outros. Os que exigem sair um pouquinho da zona de conforto em vez de virar a maré ajudarão a fortalecer seus músculos autorrealizadores. Um primeiro passo fácil é trabalhar com afinco e total convicção no que você faz. Vivencie tudo inteiramente e esteja aberto ao prazer e ao espanto com pequenas fontes — em outras palavras, adote

142 | CAPÍTULO 15

um modo mais infantil de vivenciar o mundo. É fácil ser cético, dizer que já viu pores do sol suficientes ou que não tem tempo para parar e olhar passarinhos voando. Mas por que limitar sua apreciação da vida, mesmo que a maioria dos adultos faça isso? Assuma conscientemente a responsabilidade por si e por suas ações, em vez de buscar onde jogar a culpa. A princípio pode ser assustador, mas isso logo lhe dará uma sensação de força. Abrace as experiências novas, em vez de se agarrar ao que é seguro e conhecido. Não é preciso que seja algo drástico; até experimentar um prato diferente no restaurante ampliará suas experiências e desenvolverá sua confiança. Hoje, polvo crocante com alho; amanhã, surfe radical na neve!

Os passos maiores

Ninguém vai criticar você por trabalhar com afinco nem por experimentar algo novo. Mas dar os passos que provocarão (ou que você teme que provoquem) desaprovação dos que o cercam é um desafio maior.

A primeira regra é ser sincero. Isso é mais difícil do que parece, pois significa agir de acordo com suas crenças e sentimentos reais. Suponha que todo mundo em seu local de trabalho chega cedo e fica até tarde para impressionar. Os autorrealizados não entram nesse jogo. Fazem seu serviço com eficiência e trabalham as horas necessárias para que fique bem feito, mas não fingem fazer mais do que fazem nem se envolvem no jogo da comparação.

A sinceridade é a melhor política

A autorrealização exige ser sincero consigo. Se há algo que você sempre faz mas detesta fazer — seja visitar um parente desagradável, seja lavar o banheiro — admita que não gosta. Qual seria o custo de não admitir? Talvez o parente desagradável deteste as visitas tanto quanto você. Talvez você preferisse pagar alguém para lavar o banheiro. Mesmo que decida continuar agindo como sempre, porque as visitas são importantes para o parente e você não pode pagar ou não aprova contratar uma faxineira, depois que escolheu seu curso de ação e assumiu a responsabilidade por ele, será mais fácil aceitá-lo. Se ainda luta contra ele, você fez a escolha errada — e sempre há escolha. Você *pode* parar de visitar o parente, mas talvez se isole da família, perca uma herança ou se sinta perseguido pela culpa. Ainda assim, é uma escolha.

Talvez você goste de algo que os outros desdenham, como acampar nas férias, grupos musicais de rapazes ou suvenires baratos. E daí? A vergonha vem de se preocupar com o que os outros pensam de suas escolhas inofensivas. Elabore para si o que pensa e do que gosta, sem acatar a preferência dos outros. Isso não significa que você precise desprezar as opiniões dos outros ou nunca dar ouvidos a conselhos, mas é importante avaliar tudo o que vê e ouve à luz de seus gostos e experiências e fazer escolhas próprias, as que o deixarão feliz e realizado.

Fique firme

O passo mais difícil é defender as coisas que você quer e em que acredita quando são diferentes daquelas que as pessoas à sua volta querem e em que acreditam. É preciso coragem para se manter fiel a suas crenças, para ficar contra a maré da opinião e enfrentar a hostilidade. Talvez você sofra por suas crenças, mas se for autorreali-

144 | CAPÍTULO 15

zado valerá a pena, porque a integridade terá se tornado seu maior tesouro. Isso explica por que Nelson Mandela e Aung San Suu Kyi passaram anos na cadeia e por que Edward Snowden revelou os segredos da Agência de Segurança Nacional e foi forçado a fugir dos Estados Unidos para Hong Kong e depois para a Rússia. Essas pessoas acreditavam em algo maior do que elas e achavam que o risco ou o sofrimento envolvidos compensava.

A autorrealização é sobre o eu

Para ser autorrealizado, você precisa saber quem deveria ser. Por definição, isso é diferente para cada um. Alguém pode ser rude e preguiçoso, mas ainda assim autorrealizado, se é fiel a seus próprios valores e objetivos. Diógenes talvez esteja nessa categoria. Ninguém pode fazer sua autorrealização por você nem lhe dizer quem você deveria ser.

O autorrealizado sente empatia pela necessidade de autorrealização dos outros e não tenta lhes impor sua opinião aos outros nem molda os filhos às suas ambições. Em vez disso, ele ajuda os outros a encontrar seu próprio caminho e endossa escolhas corajosas, mesmo que não sejam as escolhas que faria.

Tudo é bom?

A autorrealização parece um caminho meritório, mas há problemas nela, como ressaltou Fritz Peris, criador da terapia da Gestalt: ele disse que há o perigo de realizar um ideal de eu em vez do eu genuíno. Todos temos uma ideia do tipo de pessoa que queremos ser, e nem sempre ele combina com o tipo de pessoa que somos capazes de

REALIZAÇÃO

Abraham Maslow via a autorrealização como o pináculo das conquistas humanas. Ele a pôs no topo de sua pirâmide de necessidades (ver o capítulo 2) e disse que só poderia ser tentada depois que todas as necessidades inferiores, da comida à autoestima e ao endosso dos outros, fossem satisfeitas. Ele afirmava que só 1% a 2% das pessoas obtêm a autorrealização, porque a maioria de nós se mantém preso à busca daquelas necessidades chatas de comida, abrigo e um carro meio decente. Mas, para Maslow, "pessoas" significava principalmente homens americanos brancos de meados do século XX, que realmente não são a maioria das pessoas (ainda mais agora). Uma avaliação rápida indica que há muitas pessoas que consideramos autorrealizadas que não satisfizeram algumas necessidades mais abaixo na pirâmide.

Maslow admitia que nem todas as pessoas sentem as necessidades na ordem em que as pôs e que, para alguns, elas podem ser satisfeitas em ordem diferente. Isso é estimulante, porque significa que você ainda pode visar à autorrealização mesmo que os outros não respeitem sua opinião ou que você tenha um problema de saúde crônico. Há alguma contradição entre a pirâmide de necessidades de Maslow e a autorrealização. O que ele chamava de "pertencimento" se manifesta na necessidade de endosso e respeito dos outros. Mas uma das características que Maslow identificava nas pessoas autorrealizadas era a capacidade de perseverar com opiniões impopulares, apesar da feroz oposição. Se fossem mantidas com firmeza, as opiniões permitiriam às pessoas pular a parte da pirâmide que especificava endosso e respeito dos outros.

ser. Peris também achava que havia o perigo de a autorrealização parecer uma obrigação e impor uma pressão indevida sobre o indivíduo.

Ironicamente, a pressão para se adequar ao ideal de ser autorrealizado (obediência) vai contra a ridicularização da convenção e da pressão social se elas não coincidirem com suas crenças e tendências (desobediência). Além disso, seria adequado considerar a pessoa autorrealizada como moralmente "melhor"?

> "Por que estabelecemos nosso padrão de sanidade tão cautelosamente baixo? Não podemos imaginar nenhum modelo melhor do que o consumidor cumpridor de seus deveres, o ganhador de pão bem ajustado? Por que não o santo, o sábio, o artista? Por que não tudo o que é mais belo e elevado em nossa espécie?"
>
> Theodore Rozsak, professor de História, Universidade do Estado da Califórnia, 1977

Joana d'Arc, a heroína nacional francesa, possuía muitas qualidades dos autorrealizados. Alguns talvez descrevam suas "experiências de pico" — as visões místicas — como delírios, mas elas lhe deram coragem e convicção para comandar um exército rebelde contra os ingleses.

Você É o Melhor "Você" Possível? | **147**

E o argumento de Peris de que a incapacidade da pessoa de se autorrealizar pode ser porque suas necessidades não foram satisfeitas ou há alguma falta em algum outro quesito, mas nenhum erro por parte dela? E, embora alguns possam argumentar que a pessoa é preguiçosa demais para se aperfeiçoar, outros podem contrapor que o eu realizado da pessoa não é motivado (e, portanto, "preguiçoso", para dar um toque crítico). Assim, por esse critério, ela é a melhor versão possível de si.

AS MELHORES VERSÕES DE SI

O estudo de Maslow sobre como atingir a autorrealização se baseou nos detalhes biográficos de dezoito pessoas famosas que ele considerou autorrealizadas, entre elas:

- Abraham Lincoln - presidente americano
- Albert Einstein - físico; Prêmio Nobel de Física
- Eleanor Roosevelt - ativista política que defendia os direitos das mulheres e dos afro-americanos
- William James - filósofo e psicólogo
- Sigmund Freud - psicólogo.

CAPÍTULO 16

Cenoura ou Vara?

A melhor maneira de motivar as pessoas é a recompensa, a punição ou ambas?

150 | CAPÍTULO 16

As pessoas são impelidas a agir por duas forças diferentes. Quando fazemos algo por razões próprias — porque gostamos da atividade, a achamos de algum modo compensadora ou ela contribui para metas valiosas para nós —, somos internamente motivados. Se você gosta de fazer bolos, não precisa de incentivo; ficará feliz fazendo bolos. Quando fazemos algo para controlar circunstâncias externas, como ser pago, não ir preso, passar fome e assim por diante, somos motivados externamente. Se você tem um emprego de que não gosta muito, continuará a comparecer e fazer o que lhe mandam porque precisa do dinheiro que lhe pagam. Se detesta comprar mantimentos, mesmo assim comprará, senão não terá comida nenhuma em casa quando tiver fome. A motivação externa é que está sujeita à cenoura e à vara.

Cenouras demais estragam o caldo?

Em 1973, os psicólogos Mark Lepper, David Greene e Richard Nisbett realizaram uma experiência com um grupo de crianças 3 a 5 anos de uma creche para testar a teoria da "sobrejustificação" da recompensa. Eles escolheram 51 crianças que gostavam de desenhar. Cada criança foi incentivada a desenhar durante seis minutos. O fato de as crianças já gostarem da atividade era fundamental no estudo. Antes de começar, as crianças foram divididas aleatoriamente em três grupos. Prometeram a um grupo uma recompensa (um certificado) se fizessem um desenho. Isso não foi dito aos dois outros grupos. Depois da sessão, os que receberam a promessa ganharam um certificado, também distribuído entre as crianças de um dos outros grupos. Nesse grupo, a recompensa foi uma surpresa. O terceiro grupo não recebeu nada.

Cenoura ou Vara? | 151

Nos dias seguintes, os pesquisadores observaram as crianças e anotaram o tempo que passavam desenhando por vontade própria. O resultado foi surpreendente. Não houve diferença estatística entre o grupo que teve a surpresa da recompensa e o que não ganhou recompensa, mas os que receberam a recompensa prometida desenharam menos. Parece que, para uma atividade de que gostamos, a motivação interna basta. Quando se acrescenta uma recompensa externa, esbarramos na "sobrejustificação", na qual um incentivo esperado (o certificado) reduz a motivação intrínseca da pessoa de cumprir a tarefa.

De repente, as crianças que receberam a recompensa prometida tinham uma explicação externa para seu comportamento, que desenhavam para receber uma recompensa. Seguia-se que, quando não se prometia recompensa, elas não faziam nenhum desenho.

152 | CAPÍTULO 16

Parece que geralmente associamos as recompensas externas a ações que não queremos fazer. As crianças podem ser recompensadas por arrumar os brinquedos, limpar o quarto, comer as verduras ou fazer o dever de casa. Mas pense bem antes de planejar recompensas para qualquer uma dessas ações. Se seu filho gosta de verduras ou de dever de casa, você pode acabar com seu entusiasmo se lhe der um pudim ou um gráfico com estrelinhas, porque a recompensa indica que a atividade era algo de que ela não deveria gostar. Afinal de contas, por que precisaríamos ser recompensados por algo que somos internamente motivados a fazer? A sobrejustificação também funciona com adultos. Pessoas recompensadas por parar de fumar têm menos sucesso do que quem não recebe nenhuma recompensa. Se sua motivação interna for deslocada por uma motivação externa menos poderosa, a probabilidade de sucesso será menor.

O que está por trás disso é o efeito da autopercepção (ver o capítulo 25). A avaliação que fazemos de nós depende de como nos comportamos. Isso soa anti-intuitivo, porque geralmente imaginamos que o modo como nos comportamos se manifesta no modo como pensamos sobre nós. Tendemos a supor que nossa personalidade e nossas atitudes conduzem nossas ações, quando na verdade é o contrário. Em geral, nossas ações não são produto do livre-arbítrio, como talvez acreditemos.

Por que os banqueiros precisam de bônus imensos?

A maioria que não é banqueira se perguntará por que os banqueiros recebem bônus imensos por um serviço que já são muito bem pagos para fazer. Os estudos de motivação e recompensa externa mostram que, se as pessoas são recompensadas simplesmente por cumprir uma tarefa ou realizá-la durante

CHATO OU INTERESSANTE?

Em 1959, Leon Festinger realizou um experimento na Universidade de Stanford, na Califórnia, que envolvia empregar pessoas para realizar uma tarefa monótona. Depois, os participantes receberam um ou vinte dólares para dizer ao próximo lote de participantes que a tarefa era interessante. Mais tarde, quando interrogados, os que receberam vinte dólares disseram que a tarefa era chata, mas os que receberam um dólar disseram que era interessante.

O estudo de Festinger fez parte de seu trabalho sobre dissonância cognitiva (ver o capítulo 24) e mostrou que as pessoas se convenceriam de que uma tarefa era mais agradável porque não queriam admitir que tinham desperdiçado seu tempo. Os que receberam mais falaram da tarefa de forma menos favorável. Em geral, somos pagos para fazer coisas que não queremos. Quando nos pagam uma quantia razoável para fazer alguma coisa, dá para apostar que é algo que não faríamos sem o pagamento. Não é divertido e não deveríamos gostar. Por outro lado, quanto menos nos pagam, mais divertida deveria ser a tarefa — aparentemente.

um determinado número de horas, sua motivação é menor do que se forem recompensadas pela competência.

Se você disser a alguém que está sendo pago para fazer a tarefa bem-feita, isso fará a pessoa trabalhar mais por mais tempo, fazendo bem a tarefa bem ou não. A razão dada para pagar aos banqueiros salários exorbitantes e bônus exagerados é que, sem essas recompensas, eles largarão o emprego aos magotes atrás de pastos mais ricos. Acontece que provavelmente é verdade (mas não responde à pergunta de por que simplesmente não os deixamos ir embora).

A negativa persistente dos banqueiros de que não são a causa da crise econômica é confirmada pela teoria psicológica. Quando recebe mais por uma tarefa, a pessoa acreditará que a cumpre melhor e gostará mais dela do que se fosse mal paga. Quando pagamos grandes quantias aos banqueiros, reforçamos sua crença de que fazem um bom serviço e, assim, os incentivamos a continuar.

A punição funciona melhor do que a recompensa

O economista americano John List tentou diversas maneiras de motivar os professores a treinar os alunos para passarem numa prova. Disse a um grupo de professores que receberiam um bônus se a nota dos alunos na prova melhorasse. Noutro grupo, ele deu quatro mil dólares a cada professor e disse que teriam de devolver o dinheiro se a nota dos alunos não melhorasse. Em média, os alunos do segundo grupo de professores tiveram nota 7% mais alta do que os alunos do primeiro grupo.

CARIDADE E ANTICARIDADE

Algumas pessoas tentam se obrigar a atingir metas prometendo dar dinheiro para caridade se não conseguirem — por exemplo, dizem que, se não emagrecerem, darão dinheiro para financiar a pesquisa do câncer. Esse método raramente dá certo.

Embora ficar com seu próprio dinheiro seja um incentivo razoável para agir, o fato de que o dinheiro vai para uma boa causa reduz o incentivo. Dar dinheiro a causas dignas faz a gente se sentir bem com o que fizemos. Isso significa que estamos criando uma punição que nos trará uma sensação boa. A pessoa erra o alvo e pensa: "Ah, tudo bem, o dinheiro foi para uma boa causa".

É muito mais eficaz prometer doar a uma anticaridade — uma causa que você não apoia. Pode ser um partido político ou um grupo de ativistas de que não gosta, por exemplo. Então há um incentivo muito mais poderoso para ter sucesso na coisa que você se dispõe a fazer.

CAPÍTULO 17

Dá Para Identificar os Psicopatas?

Ele não será, necessariamente, um maníaco brandindo uma faca; então, quais são os sintomas menos óbvios?

158 | CAPÍTULO 17

Você reconheceria um psicopata se o visse? Bom, provavelmente já viu pelo menos um. Acredita-se que cerca de 1% a 2% das pessoas poderiam ser classificados como psicopatas. Isso também significa que há uma probabilidade de 1% de você ser psicopata. Não há necessidade de se preocupar demais; nem todos os psicopatas viram assassinos. Para que isso aconteça, é preciso haver uma coincidência específica de genes e gatilhos ambientais.

Assassinos natos?

Jim Fallon é um psicólogo que estuda o cérebro de assassinos psicopatas. Ele descobriu que a subatividade no córtex orbital, uma parte do cérebro logo acima dos olhos, é uma característica universal dos assassinos psicopatas que examinou. Além disso, eles têm anormalidades nas amígdalas, duas pequenas estruturas localizadas profundamente dentro do cérebro, envolvidas na regulação das emoções e da moralidade. Tipicamente, as amígdalas são subativas e cerca de 18% menores nos psicopatas do que nos não psicopatas. O resultado é que, em essência, os psicopatas não têm consciência. Embora possam saber que algo é errado em comparação com um conjunto de regras morais, têm pouca ou nenhuma noção inata do que é agir mal.

Um psicopata na família

Enquanto trabalhava com psicopatia, Fallon também examinava tomografias por emissão de pósitrons de pessoas com doença de Alzheimer. Como a família da mãe tinha histórico da doença, ele incluiu tomografias de parentes para ver se identificava algum sinal precoce. Fallon ficou tranquilo quando não achou nenhum indício de Alzheimer, mas o último exame da pilha era de um cérebro obviamente psicopata. Ele achou que tinha misturado as tomografias. Mas, quando verificou, descobriu que era um exame de seu próprio cérebro. Ele, o neurocientista bem sucedido, tinha o cérebro de um potencial assassino psicopata.

Quando mencionou isso à mãe, ela sugeriu que ele investigasse a família do pai. Fallon descobriu que descendia diretamente de sete assassinos, inclusive do primeiro homem a ser executado por matricídio nos Estados Unidos. Outra parente era Lizzie Borden, suspeita de matar o pai e a madrasta com um machado em 1892.

Genes psicopatas

Com seus estudos, Fallon concluiu que há vários genes, chamados de "genes guerreiros", que predispõem ao comportamento psicopata violento. Mas os portadores desses genes só se tornam assassinos se algo também der errado em seu ambiente. Ele atribuiu sua vida relativamente tranquila ao amor dos pais. De acordo com Fallon, os que se tornam assassinos em série geralmente sofreram abuso ou outros traumas extremos na infância. Além da predisposição genética, algo mais provoca sua violência.

O capitalismo precisa de psicopatas?

E o 1% de psicopatas em potencial andando pelas ruas? Muitos têm sucesso nos negócios. A psicopatia é sobrerrepresentada entre os presidentes executivos, dos quais se estima que 4% tenham características psicopatas. Fallon é um psicopata que é um neurocientista de sucesso. Os psico-

160 | CAPÍTULO 17

Com quarenta machadadas
Lizzie Borden a mãe matou.
Quando ela viu o que fez,
Quarenta e uma o pai levou.

patas pró-sociais como Fallon têm menos empatia do que a maioria, não formam relacionamentos íntimos com facilidade e geralmente são muito competitivos, mas é raro que saiam por aí matando gente. Quando Fallon pediu aos amigos e à família que delineassem sua personalidade, todos o descreveram como sociopata. Ele disse que, quando pensou melhor, não se importou... e isso provava que estavam certos. O psicopata pró-social costuma ser gregário, trabalhador, aparentemente sociável, mas só em nível bem superficial (eles podem ser muito encantadores), mas talvez não sejam a pessoa mais fácil como parente ou amigo íntimo.

Não se sabe se a psicopatia é uma doença que as pessoas têm ou não ou se há uma coletânea de tendências e comportamentos que, combinados, resultam no comportamento psicopata. Se essa segunda opção for verdadeira, haveria uma ampla variedade de psicopatias, dos completamente não psicopatas aos psicopatas delinquentes e perigosos.

Transtornos da empatia

O psicólogo britânico Simon Baron-Cohen, especialista em transtornos da empatia, observou que falta aos psicopatas a empatia genuína, mas eles são

> Os assassinos em série arruínam famílias. Os psicopatas empresariais, políticos e religiosos arruínam economias. Arruínam sociedades.
>
> Robert Hare, Universidade da Colúmbia Britânica

bons em ligar e desligar a empatia — é plausível que consigam emular a empatia sem sentir nem agir realmente por consideração ou por sentir o que os outros sentem. As pessoas do espectro autista também têm "zero empatia", mas sentem dificuldade com a "teoria da mente" — a capacidade de avaliar o ponto de vista ou os sentimentos do outro. Os psicopatas são muito bons para entender como os outros pensam, mesmo que não compartilhem de seus sentimentos. Isso os torna manipuladores competentes e impiedosos.

Fingir loucura nos deixa loucos?

O jornalista Jon Ronson estudou e escreveu extensamente sobre psicopatia. Durante sua pesquisa, conheceu um homem chamado Tony em Broadmoor, instituição de saúde

No filme Um estranho no ninho (1975), o personagem de Jack Nicholson finge loucura para evitar trabalhos forçados.

CAPÍTULO 17

> **LISTA DE VERIFICAÇÃO DA PSICOPATIA**
>
> Há numerosos testes para avaliar o grau de psicopatia exibido por qualquer indivíduo. Um dos mais usados é a Escala Hare de Psicopatia, que lista características para a classificação da pessoa. Alguns sinais de psicopatia medidos pela escala Hare são:
>
> - desembaraço e encanto superficial
> - autoavaliação grandiosa
> - necessidade de estímulos
> - mentiras patológicas
> - esperteza e manipulação
> - falta de culpa ou remorso
> - afeto raso ou embotado (capacidade superficial de reação emocional)
> - frieza e falta de empatia
> - estilo de vida parasita
> - mau controle comportamental
> - promiscuidade sexual
> - problemas precoces de comportamento
> - falta de metas realistas de longo prazo
> - impulsividade
> - irresponsabilidade
> - não aceita responsabilidade pelas próprias ações
> - muitos relacionamentos conjugais de curto prazo
> - delinquência juvenil
> - versatilidade criminosa

mental de segurança máxima em Berkshire, na Inglaterra. Tony disse a Ronson que foi preso por surrar alguém num bar quando tinha 17 anos e aconselhado por outro prisioneiro a fingir loucura. Ele achou que isso lhe garantiria uma pena leve. Tony fingiu psicopatia com ideias tomadas emprestadas de filmes e livros. Contou às autoridades que tinha prazer sexual quando batia carros em paredes, ideia

Dá Para Identificar os Psicopatas? | **163**

tirada do filme *Crash*. Disse que queria ver mulheres morrerem, porque isso o faria se sentir normal — ideia tirada da autobiografia do assassino em série Ted Bundy. Tony foi tão convincente que, em vez de ser mandado para uma cela acolchoada, acabou numa instituição de mental de segurança máxima.

Embora dissesse que só fingira loucura, Tony passou quatorze anos em Broadmoor antes de ser finalmente libertado. Ele disse a Jon Ronson que qualquer coisa normal que fizesse — conversar com um enfermeiro sobre alguma reportagem do noticiário ou usar terno, por exemplo — era considerada prova de loucura. Ronson conversou com um clínico que concluiu que, embora Tony tivesse fingido deliberadamente sintomas psicopatas, ele era tão manipulador e sem remorso que provavelmente era mesmo psicopata.

Apesar de seu estudo extenso sobre a psicopatia, Ronson foi convencido por Tony. Tony seria um psicopata que manipulou Ronson para que acreditasse em sua história? Talvez não. Como Tony descobriu, é fácil convencer alguém de que você é louco, mas muito mais difícil provar que é são. Muitas coisas que as pessoas sãs fazem podem parecer loucas aos outros. Vinte meses depois de libertado, Tony foi preso de novo por atacar alguém num bar

CAPÍTULO 18

O Que Você Vê?

Os olhos e o cérebro trabalham juntos para ver as coisas, mas as imagens que produzem podem ser confusas

166 | CAPÍTULO 18

Olhe a imagem da página 137. Você já viu essa ou outra parecida centenas de vezes. Por que ela parece alternar para a frente e para trás entre um vaso e dois rostos? O que ela faz com nosso cérebro para que isso aconteça? A resposta é que o cérebro gosta de identificar qual é o primeiro plano e qual é o plano de fundo de uma imagem; quando não consegue, quando tanto primeiro plano e plano de fundo formam figuras isoladas e significativas, vemos uma imagem chamada de multiestável.

Padronizando o que vemos

Quando olhamos as coisas, nosso cérebro precisa trabalhar muito para entendê-las. Tudo o que o cérebro recebe é um conjunto de dados sob a forma de luz colorida emitida ou refletida por objetos "aí fora". Para ver de um jeito significativo, ele precisa reconhecer os objetos, mesmo com iluminação, orientação e distância do olho diferentes.

Então quanto da visão é aprendido e quanto é inato? Experiências com bebês bem pequenos (2 e 3 meses) mostraram que parte da capacidade do cérebro de processar informações já vem instalada. A constância do tamanho (reconhecer que o objeto é de um único tamanho, esteja longe ou perto), a capacidade de ver o mundo em três dimensões e o reconhecimento de formas e padrões são habilidades inatas na maioria dos bebês pequenos. Os estudos de Jerome Bruner em 1966 (ver o capítulo 26) sobre o desenvolvimento cognitivo mostraram que as crianças pequenas são solucionadoras ativas de problemas.

Ver e mover-se

Experiências realizadas com animais na década de 1960 produziram resultados que causariam impacto mais tarde

O Que Você Vê? | 167

nos estudos do desenvolvimento cognitivo. Elas revelaram que um filhote privado de luz e padrões normais não será capaz de reagir normalmente a esses estímulos mais tarde. Em 1963, R. Held e A. Hein verificaram que, se fossem impedidos de explorar seu ambiente, os gatinhos seriam incapazes mais tarde de posicionar as patas corretamente ou reagir à aproximação de objetos. Held e Hein concluíram que era porque os gatinhos não tinham conseguido desenvolver a percepção de profundidade; portanto, ficaram incapazes de vincular coordenação e percepção.

Estudos com pessoas que tiveram a visão restaurada depois de perdê-la quando bebês e de outras cegas de nascença indicam que alguns aspectos da visão são aprendidos e outros são inatos. As diferenças culturais e o ambiente em que a pessoa foi criada também podem afetar a capacidade de percepção. Colin Turnbull estudou o grupo pigmeu mbuti, do Zaire. Como o povo mbuti

> 'Enquanto parte do que percebemos chega a nossos sentidos vinda do objeto diante de nós, outra parte (e talvez seja a maior parte) vem sempre de nossa própria mente."
>
> William James, filósofo e psicólogo

vive numa floresta densa, Turnbull desconfiou que teriam dificuldade de avaliar tamanho e distância. Ele constatou que, ao levar pessoas mbuti para as planícies e lhes mostrar uma manada de búfalos à distância, elas acharam que eram "insetos estranhos" e se espantaram quando os animais pareceram ficar maiores quando se aproximaram.

Olhe o todo, não o furo

Olhe a imagem a seguir:

Sua mente organiza esse desenho como um triângulo branco na frente de três círculos pretos ou um triângulo branco com cantos pretos. É menos provável que você só veja três círculos parciais. No entanto, se rearrumássemos os componentes seria mais fácil vê-los.

A mente tem a tendência natural de ver o todo em vez dos vários elementos, e o todo é mais do que a soma das partes. É um pouco como comparar uma salada com seus ingredientes. Nada aconteceu aos ingredientes; é só o modo como são apresentados. Se você vier à minha casa e eu lhe der um abacate, uma pilha de rúcula, alguns pinhões, um pedaço de parmesão, uma garrafa de azeite e um pouco de vinagre balsâmico, você não vai ficar muito impressionado. Mas se eu misturasse tudo isso e arrumasse bem bonito, provavelmente você ficaria contentíssimo.

Tamanho e distância

Agora, olhe a imagem a seguir.

O cérebro interpreta essa imagem como uma série de figuras que aumentam de tamanho da esquerda para a direita, com a menor mais perto de nós. As linhas que sugerem piso e parede nos convencem de que é uma visão em perspectiva e que a figura da direita é a mais distante. Na verdade, as três figuras são do mesmo tamanho. O cérebro faz o serviço da perspectiva: se uma figura parece estar à distância e é do mesmo tamanho que outra no primeiro plano, nosso cérebro

nos diz que a figura ao fundo deveria parecer menor. Portanto, se parece ter o mesmo tamanho da figura em primeiro plano, o cérebro nos diz que a figura ao fundo é maior.

O que falta?

O cérebro completa automaticamente as partes que faltam para uma imagem se encaixar no padrão que estamos acostumados a ver. Olhe as formas abaixo:

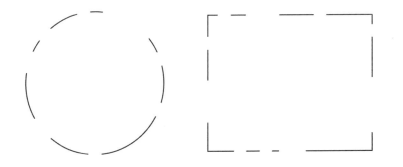

170 | CAPÍTULO 18

Você as vê primeiro como um círculo e um retângulo, não como várias linhas diferentes. Mas a questão não é só ver o todo. Nosso cérebro faz muitas deduções e pressupostos para nos ajudar a interpretar o que vemos. Olhe a foto à abaixo.

É a forma de um pônei pintada numa cerca? Ou a sombra de um pônei em pé fora do quadro?
O cérebro usa seu conhecimento e experiência passada para interpretar o que vê. Uma criança pequena que nunca viu um animal com formato de pônei pode achar que é uma sombra porque está acostumada a ver sombras, mas não a ver formas esquisitas pintadas em cercas.

E o que está lá?

A imagem de um "rosto" em Marte (abaixo, foto de cima), divulgada quarenta anos atrás, fez pessoas do mundo inteiro proporem várias teorias sobre alienígenas que visitaram o planeta ou moraram lá no passado. Alguns até sugeriram que os deuses podem ter deixado sua marca lá. Então, em

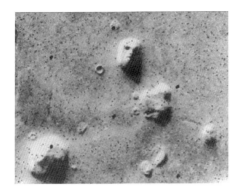

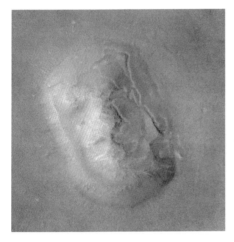

1998, quando foram divulgadas, as imagens do mesmo acidente topográfico tiradas de um ângulo um pouco diferente e sob outras condições de luz revelaram que era só uma montanha (a esquerda, foto inferior). O cérebro tem de reconhecer objetos diferentes para que possa identificar que os dois são o mesmo tipo de coisa, mesmo que não se pareçam muito. Não temos dificuldade de identificar seres humanos, mesmo que sejam altos, baixos, gordos, magros etc. Do mesmo modo, conseguimos reconhecer facilmente uma árvore, uma cadeira ou um gato, mesmo que nunca tenhamos visto aquele tipo específico de árvore, cadeira ou gato.

Também podemos reconhecer o mesmo objeto visto de diversos ângulos, distâncias e posições. E, embora nossa percepção de profundidade seja criada usando as informações de ambos os olhos, não vemos uma imagem bidimensional se fecharmos um deles. Nosso cérebro compensa e faz uma ótima tentativa de criar uma visão tridimensional em perspectiva usando as informações de um olho só.

PAREIDOLIA

Pareidolia é o fenômeno pelo qual o cérebro encontra significado ou padrões em imagens ou sons aleatórios. A mente reforça o conhecido, se esforça para achar significado e cria padrões que não refletem a realidade, mas nos dão um modo de interpretar o que vemos ou ouvimos. A pareidolia explica por que as pessoas visualizam a Virgem Maria ou Alá em sanduíches de queijo quente ou rostos em vez de montanhas em Marte.

Sem função "desver"

Não se consegue desfazer o trabalho do cérebro para descobrir o que se vê, a não ser que uma segunda interpretação seja igualmente válida. Olhe a imagem a direita.

A princípio, você vê um monte de manchas pretas. Mas, assim que percebe uma imagem real, é dificílimo voltar a ver um padrão aleatório.

Talvez você se lembre da época antes

de aprender a ler, em que via a escrita como um monte de rabiscos. Depois que aprendeu, é impossível ver a escrita como meras formas. Para recordar esse sentimento, você teria de olhar um texto numa língua que não saiba ler. A imagem abaixo mostra um texto em tamil. A não ser que leia tamil, você só verá formas abstratas:

Partes ou todos?

A teoria da Gestalt diz que percebemos as coisas em sua totalidade, não juntando as partes. Na figura camuflada do cão dálmata na página ao lado, não vemos as orelhas primeiro, depois a cauda, depois as patas e daí deduzimos que se trata de um dálmata. Vemos o cão inteiro de uma vez (ou não vemos).

O triângulo branco diante dos três círculos pretos da página 139 é um exemplo de reificação — o modo como nossa mente acrescenta coisas que não estão na imagem original. A invariância é a propriedade que nos diz que um objeto não mudou, mesmo que visto de um ângulo ou distância diferente ou representado de outra maneira (às vezes, até distorcido).

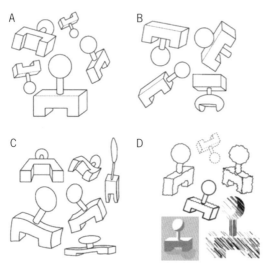

Uma questão de percepção: A e B mostram um objeto visto de ângulos diferentes. C mostra o mesmo objeto distorcido. D mostra representações diferentes do objeto.

> Se olhar qualquer parede marcada com várias manchas ou com uma mistura de diversos tipos de pedra, se estiver prestes a inventar alguma cena, você conseguirá vê-la com a aparência de várias paisagens diferentes, adornadas com montanhas, rios, rochas, árvores, planícies, vales amplos e vários grupos de colinas. Também será capaz de ver diversos combates e figuras em rápido movimento, e faces com estranha expressão, e vestimentas estrangeiras, e um número infinito de coisas, que então poderá reduzir a formas separadas e bem concebidas."
>
> Leonardo da Vinci, *Cadernos*

Como formamos padrões

A teoria da Gestalt diz que nossa mente segue certas leis que nos ajudam a impor padrões ao que vemos.

A lei da proximidade nos leva a ver como grupos coisas que estejam próximas. Vemos a imagem A (a seguir) como três grupos de doze círculos, em vez de apenas 36 círculos.

O Que Você Vê? | **175**

A lei da similaridade afirma que tendemos a agrupar coisas que sejam parecidas. Na imagem B (abaixo) vemos três linhas de círculos pretos e três linhas de círculos brancos em vez de um bloco de 36 círculos.

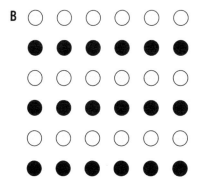

É a lei da simetria que nos faz completar um triângulo parcial ou outra forma inacabada. Também nos faz agrupar objetos por simetria. Assim, vemos o seguinte — [ ] { } [ ] — como três conjuntos de colchetes, não como seis colchetes separados.

Em alguns casos, a lei da experiência passada pode se sobrepor às leis da proximidade, da similaridade e da simetria. Se estivermos acostumados a ver dois objetos perto um do outro, é mais provável que os percebamos juntos.

Por exemplo, a experiência passada nos levará a ver o símbolo "13" como o número treze. No entanto, se estivermos olhando uma configuração de letras em que esperamos ver a letra "B" — 1313C, por exemplo — reconheceremos a configuração como a abreviatura "BBC".

A lei do destino comum nos leva a agrupar objetos que se movem juntos na mesma direção.

É a lei da continuidade que nos faz ver as imagens abaixo como duas linhas que se cruzam, em vez de quatro linhas que se encontram.

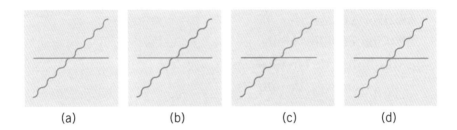

(a)   (b)   (c)   (d)

A lei da "boa Gestalt" diz que percebemos formas e linhas juntas quando formam um objeto simples, regular e conciso. Nossa mente tenta impor formas regulares às coisas que vemos. Assim, na imagem à direita vemos um quadrado e um triângulo sobrepostos, não uma forma irregular de oito lados.

Literal e essencial

Um modelo da percepção diz que codificamos o que vemos de duas maneiras: literal e essencial. A forma literal se refere ao que a imagem realmente mostra, e a essencial se refere ao significado que tiramos dela. Isso nos permite pregar peças na mente. Responda rápido: de que cor é o texto no quadrinho acima?

O psicólogo americano John Ridley Stroop levou isso um estágio adiante. Ele descobriu que, se o nome das cores for impresso em cor diferente, será preciso mais tempo para ler, porque o cérebro precisa superar a confusão inicial. Esse retardo do tempo de reação mental já foi aproveitado em incontáveis experiências psicológicas. É o chamado "efeito Stroop".

Morcegos do inferno

É comum que mais de um tipo de padrão seja imposto a algo ambíguo ou incompleto que vemos. Às vezes, os psicólogos e recrutadores usam um certo teste para ter uma ideia das preocupações ou do caráter de alguém. Criado por Hermann Rorschach em 1921, o teste das manchas de tinta consiste em mostrar às pessoas manchas de tinta simétricas e lhes perguntar o que veem. Há dez cartões no teste de Rorschach completo.

As respostas são codificadas, interpretadas e usadas para diagnosticar possíveis doenças psiquiátricas ou indicar tipos de personalidade. O teste de Rorschach foi popularíssimo na década de 1960, continua popular no Japão e ainda

178 | CAPÍTULO 18

é muito usado nos EUA, mas no Reino Unido gera muitas dúvidas e quase não é empregado. Houve várias críticas à sua validade.

Outro teste comumente usado para dar uma ideia dos padrões de pensamento, preocupações e nível de criatividade é apresentar uma linha ou forma a alguém e lhe pedir que a incorpore ao máximo possível de desenhos. Você pode tentar isso sozinho. Use um círculo e desenhe o máximo de imagens que conseguir em dois minutos.

CAPÍTULO 19

Imagens Violentas nos Deixam Agressivos?

É comum dizerem que a violência na tela leva ao comportamento violento na vida real. Qual é a prova disso?

180 | CAPÍTULO 19

Assistir ao comportamento agressivo na TV, na internet e em videogames torna as pessoas mais violentas? Ou é só que uma grande proporção de rapazes joga videogames, e assim uma grande proporção de jovens assassinos também joga videogames? O argumento de que ser testemunha de violência leva ao comportamento violento parece atraente.

Fim de jogo

Em 2013, Aaron Alexis matou doze pessoas a tiros num arsenal naval de Washington, capital dos EUA. A mídia se apegou ao fato de que Alexis gostava de jogar o videogame *Call of Duty* e sugeriu que este talvez fosse um gatilho do crime. Anders Behring Breivik, que matou 77 pessoas na Noruega em 2011, diz que treinou sua mira jogando *Call of Duty* e *World of Warcraft*. Como Breivik, Adam Lanza, um dos meninos responsáveis pelo atentado na Sandy Hook Elementary School, "treinou" jogando *Call of Duty*. Seung-Hui Cho, que matou 32 pessoas na Virginia Tech University em 2007, era um jogador aficionado do videogame violento *Counterstrike*. Depois de quase

> **"A vida é um videogame. Todo mundo vai morrer alguma hora."**
>
> Palavras de Devin Moore, adolescente do Alabama preso por um crime de trânsito menor. Ele pegou a arma de um policial, atirou em três policiais e furtou um carro da polícia para fugir. Disse que foi influenciado pelo videogame *Grand Theft Auto* (GTA).

todos os atentados a tiros, os meios de comunicação citaram a corrupção dos videogames ou a corrupção dos filmes violentos como fator contributivo.

Teste da agressão

Em 1961, o psicólogo Albert Bandura resolveu descobrir se as crianças copiam modelos que demonstram violência. Ele e seus colegas da Universidade de Stanford recrutaram 72 crianças pequenas e pesquisadores adultos para servir de modelos. Antes de separar as crianças em grupos, os pesquisadores testaram seu nível de agressão para assegurar uma distribuição homogênea de comportamentos entre os grupos.

Então, as crianças foram divididas em grupos, cada um formado por 24 meninos e meninas. Um grupo reuniu-se com um modelo adulto "agressivo" e outro com um modelo adulto "não agressivo", e um grupo de controle não teve modelo adulto. As crianças foram levadas individualmente a uma sala onde havia brinquedos num canto e uma marreta, uma tábua com pinos e um joão-bobo no outro canto, reservado para os adultos. (O joão-bobo é um boneco inflável grande e durável que pode ser derrubado, mas logo volta à posição ereta.)

As crianças do primeiro grupo usaram os brinquedos durante dez minutos. Então um modelo adulto entrou, brincou com os brinquedos de adulto durante um minuto e depois atacou o joão-bobo com a marreta, socou-o, jogou-o de um lado para o outro e o xingou verbalmente. Dali a dez minutos, o adulto saiu da sala. As crianças do segundo grupo também brincaram enquanto um segundo modelo adulto entrava na sala e brincava em silêncio com os brinquedos de adulto durante dez minutos, ignorando o joão-bobo, e saía. As crianças do grupo de controle brincaram sozinhas durante dez minutos.

182 | CAPÍTULO 19

Excitação agressiva

As crianças foram levadas individualmente a outra sala cheia de brinquedos interessantes. Puderam brincar durante dois minutos, quando o experimentador lhes disse que estavam brincando com seus melhores brinquedos. E ele disse que decidira reservar esses brinquedos para outras crianças. Ele disse às crianças que elas poderiam brincar na sala experimental. A ideia era gerar sentimentos negativos, deixando as crianças ansiosas e contrariadas. As crianças voltaram à sala experimental e puderam brincar sozinhas durante vinte minutos, enquanto eram secretamente observadas pela equipe de pesquisadores.

Bandura constatou que as crianças que tinham observado o ataque ao joão-bobo mostraram muito mais probabilidade de atacar física ou verbalmente o boneco. Ele viu uma diferença significativa no nível de agressão desse grupo: as meninas eram mais agressivas fisicamente quando o modelo era homem e verbalmente quando o modelo era mulher. Os meninos tinham mais probabilidade de imitar o modelo homem. Os meninos tiveram três vezes mais probabilidade do que as meninas de serem fisicamente agressivos, mas houve pouca diferença na agressão verbal entre meninos e meninas.

É interessante que os meninos e meninas expostos ao modelo não agressivo tiveram menos probabilidade de demonstrar agressividade do que as crianças do grupo de controle. Parece que um modelo não agressivo tem influência positiva.

Achados

A partir dessas experiências, Bandura concluiu que as crianças aprendem comportamentos sociais como a agressão

Imagens Violentas nos Deixam Agressivos? 183

observando o comportamento dos outros. Isso tem consequências significativas para o efeito da violência dos meios de comunicação sobre a criança.

No entanto, não se sabe se o impacto positivo e negativo de observar modelos adultos teria efeito de longo prazo sobre as crianças. Além disso, não houve relacionamento nem comunicação entre as crianças e os modelos adultos, o que não é típico do papel "normal" de modelo que ocorre dentro da família. Também já se sugeriu que as crianças não agiam por agressão, mas por desejo de agradar imitando o adulto. Mais tarde, ressaltou-se que crianças que nunca tinham brincado com um joão-bobo tinham cinco vezes mais probabilidade de imitar o comportamento agressivo do que as que estavam acostumadas a brincar com o boneco.

O comportamento do experimentador também pode ter incentivado a agressão: os pesquisadores frustraram e zombaram deliberadamente das crianças, o que em si pode ser considerado um modelo de agressão.

Reforço substituto

Bandura repetiu seu experimento em 1963, agora para descobrir como recompensa e punição afetam se a criança imita o comportamento agressivo. O primeiro grupo de crianças assistiu a um modelo atacar agressivamente e gritar com um joão-bobo e ser recompensado com doces. O segundo grupo viu a agressão ser punida com o aviso "Não faça isso de novo!" O grupo de controle não viu consequências serem atribuídas à agressão.

Então, permitiu-se que as crianças brincassem com o joão-bobo. As que tinham visto a agressão ser recompensada

184 | CAPÍTULO 19

e as do grupo de controle tiveram mais probabilidade de serem agressivas. As crianças que viram a agressão ser punida não a imitaram, porque previram consequências negativas.

Vida real, filme e desenho animado

Bandura também comparou seu resultado com o de testes em crianças que tinham assistido a uma pessoa real agir agressivamente, crianças que tinham assistido a um filme de alguém atacando o joão-bobo e um gato de desenho animado atacando o joão-bobo. Em todos os casos, as crianças que testemunharam a agressão, fosse real, em filme ou no desenho animado, tiveram mais probabilidade de se comportar agressivamente.

Testado e comprovado

Variações do experimento do joão-bobo produziram resultados constantes e parecidos. Quando um palhaço de verdade substituiu o joão-bobo, o pobre ator sofreu nas mãos das crianças. Quando homens casados substituíram as crianças como participantes do estudo e o ataque ao joão-bobo foi substituído por programas de TV violentos ou não violentos, os homens que assistiram aos programas violentos foram, mais tarde, descritos pelas esposas como mais agressivos (1977). Uma experiência que comparou o comportamento de pessoas que assistiram a um filme violento com o comportamento de outras que assistiram a um filme romântico produziu resultado semelhante (1992).

Também houve uma diferença no nível de agressão entre as pessoas que jogavam games violentos e as que preferiam os não violentos (2002). Os que jogavam videogames violentos

Imagens Violentas nos Deixam Agressivos?

ficaram em seguida mais agressivos do que os que jogaram um game não violento.

É claro que nem todas as pessoas que gostam de videogames violentos saem por aí atirando a esmo. Vários que realizaram massacres armados gostavam de videogames — mas eram todos rapazes, e muitos rapazes jogam videogames. As experiências com o joão-bobo indicam que há um vínculo entre assistir à violência e agir de forma agressiva, mas isso não justifica o pressuposto de que jogar games violentos provoque, automaticamente, comportamento violento.

Encontrou-se um vínculo entre passar muito tempo jogando videogames e a depressão. Não se sabe se o jogo leva as pessoas a ficarem deprimidas ou se quem é propenso à depressão tem mais probabilidade de jogar videogames. Adolescentes jovens (meninos, principalmente) que passam muitas horas por dia jogando qualquer tipo de videogame acabam ficando para trás no desenvolvimento de habilidades sociais, porque não estão intera-

> *"Examinamos algo como duzentos filmes alugados pela família Venables. Havia alguns que eu ou você não gostaríamos de assistir, mas nada — nenhuma cena, enredo ou diálogo — que a gente pudesse apertar o botão de parar e dizer que influenciou um menino a sair e assassinar."*
>
> Palavras de um detetive de Merseyside que trabalhou na investigação do assassinato do menino James Bulger por duas outras crianças mais velhas em 1993. Na época, sugeriu-se que o crime estava ligado a "vídeos desagradáveis" — filmes violentos sem classificação etária e liberados em vídeo.

> *"A exposição à violência em videogames pode influenciar o desenvolvimento do raciocínio moral, porque a violência, além de apresentada como aceitável, também é justificada e recompensada."*
>
> Mirjana Bajovic, Universidade Brock, Ontário, Canadá

186 | CAPÍTULO 19

> **CULPA DO CÉREBRO**
>
> Em 2006, a Escola de Medicina da Universidade de Indiana realizou exames cerebrais de 44 jovens logo depois de jogarem um videogame violento ou não violento. Os que jogaram games violentos mostraram atividade extra nas amígdalas (que, como já vimos, são responsáveis por estimular emoções) e atividade reduzida no lobo pré-frontal (que regula o autocontrole, a inibição e a concentração). Os que jogaram games não violentos não mostraram essas mudanças.
>
> Numerosos estudos constataram que assistir a algo violento ou ameaçador na tela provoca um surto de adrenalina, a substância que prepara o corpo para lutar ou fugir diante de perigos na vida real. O corpo, pelo menos, não sabe a diferença entre a violência real e a fantasiosa. Quando nenhuma reação é necessária, o corpo fica cheio de adrenalina, que pode tornar mais provável a reação agressiva a algum outro gatilho.

gindo com pessoas no mundo real. É como a situação do ovo e da galinha: os garotos associais são atraídos para o jogo ou quem joga deixa de desenvolver habilidades sociais e, assim, se torna associal? Um estudo da Universidade Brock, no Canadá, constatou que crianças de 13 e 14 anos que passaram três horas ou mais por dia jogando games de computador violentos foram mais lentas ao desenvolver empatia e noção de dever moral com os outros do que crianças não imersas em jogos violentos. Mas, novamente, os jogos violentos podem atrair mais as pessoas que desenvolvem empatia mais devagar.

Vamos em frente

Desde os estudos de Bandura na década de 1960, a violência nos filmes e na TV ficou ainda mais explícita e foram

Imagens Violentas nos Deixam Agressivos? | **187**

lançados videogames cada vez mais violentos. Os videogames violentos são diferentes dos filmes e programas de TV violentos num aspecto importante: o jogador está envolvido em perpetrar e não só em ver a violência simulada. Esses jogos, como alguns afirmam, seriam uma válvula de escape segura que facilita a expressão inofensiva de sentimentos violentos? Ou levam a um aumento da tendência de cometer violência no mundo real?

Houve dezenas de outros estudos sobre o impacto de assistir à violência real, em vídeo ou em desenhos animados desde as experiências de Bandura há mais de cinquenta anos. Ainda não há consenso.

CAPÍTULO 20

O Que Você Veio Fazer Aqui?

Nossa memória pode nos pregar peças, mas às vezes também lhe pregamos peças.

190 | CAPÍTULO 20

Todos temos a experiência de entrar numa sala para fazer alguma coisa e esquecer por que fomos lá. Ou de ser apresentado a seis pessoas numa festa ou reunião e ser incapaz de recordar os nomes um minuto depois. A perda da memória de curto prazo piora com a idade, mas nossa memória de curto prazo não é mesmo muito boa. É só que o prazo da memória de curto prazo é ainda mais curto do que pensamos.

Você se lembra de...?

Conseguimos lembrar algumas coisas por uma fração de segundo e outras pela vida inteira. Muitas são completamente esquecidas, pelo menos em termos conscientes. Algumas lembranças "esquecidas" podem ser restauradas com hipnose e outros auxílios. Como a memória funciona?

Nossos olhos e ouvidos armazenam por menos de um segundo um instantâneo dos dados recebidos. É possível que isso seja usado para decidir que partes precisam ser levadas para o armazenamento em prazo maior e quais podem ser ignoradas. Afinal de contas, nosso cérebro é submetido a uma barragem constante de informações, a maioria delas desnecessária.

Qualquer coisa que pareça útil é movida para a memória de curto prazo (MCP) Esse é o tipo que faz você lembrar que foi à cozinha buscar uma colher ou o nome da pessoa que acabou de conhecer. Geralmente, a MCP dura 15 a 30 segundos, e, se a cozinha ficar longe de onde você estava, é por isso que esquece a colher. A MCP consegue guardar uns sete itens. Se tentarmos deliberadamente guardar coisas por um curto período, geralmente o fazemos repetindo palavras na cabeça. Parece que a MCP é acústica, e talvez por isso seja mais difícil lembrar palavras ou sons que sejam parecidos, como palavras que rimam ("cão, pão, mão, são, vão, chão",

O Que Você Veio Fazer Aqui? | 191

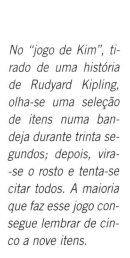

No "jogo de Kim", tirado de uma história de Rudyard Kipling, olha-se uma seleção de itens numa bandeja durante trinta segundos; depois, vira-se o rosto e tenta-se citar todos. A maioria que faz esse jogo consegue lembrar de cinco a nove itens.

por exemplo), do que palavras de som diferente ("gato, cachorro, presunto, sapo, vareta e lama").

A memória de longo prazo (MLP) pode armazenar informações a vida inteira. "Pode" armazenar não significa que sempre armazene, como qualquer um que se esforçou para estudar para a prova saberá. Supõe-se que a MLP tenha capacidade ilimitada, embora nem sempre pareça. Ela é semântica; trabalha com significados. É mais fácil para a MLP armazenar palavras de som parecido do que palavras com significado parecido.

Geralmente, só precisamos manter coisas na memória de longo prazo por alguns minutos ou horas. Talvez você queira se lembrar da lista de compras até chegar ao supermercado, mas não precisa se lembrar dela no ano que vem. Depois de usada, você pode esquecê-la em segurança.

192 | CAPÍTULO 20

Por que a gente não esquece como andar de bicicleta?

Há vários tipos de memória. Uma delas, a memória procedural ou processual, é o tipo responsável por saber como se faz uma coisa, tal como uma habilidade física, e é muito resistente. A memória procedural armazena todo tipo de habilidade que, depois de aprendida, dificilmente é esquecida, entre elas como andar de bicicleta. Até pessoas que sofrem amnésia anterógrada e perdem a capacidade de armazenar memórias de longo prazo costumam se lembrar das habilidades que adquiriram e conseguem aprender habilidades novas desse tipo.

Outros tipos de memória são a memória imagética e a memória declarativa. O que vemos e ouvimos forma memórias imagéticas, que podemos recordar exatamente como as vivenciamos pela primeira vez. A memória declarativa é o tipo a que mais nos referimos quando falamos de memória. Inclui a memória semântica, responsável por recordar fatos e significados, e a memória episódica, construída a partir de nosso histórico pessoal e vinculada a épocas e lugares específicos.

Como nos lembramos

Embora a sequência memória sensorial > memória de curto prazo > memória de longo prazo seja bastante segura, é claríssimo que nem tudo o que vemos, ouvimos ou vivenciamos chega à memória de longo prazo. Boa parte de nosso tempo na escola é gasto tentando aprender e recordar coisas; escolher direito o que recordar é importantíssimo.

Um modo melhor de ver a MLP é considerá-la uma "memória de trabalho". Se a compararmos a um computador, a memória sensorial forneceria os dados do teclado e do mou-

O Que Você Veio Fazer Aqui? | 193

> **DICA DE MEMÓRIA: AGRUPAR**
>
> Se tiver de lembrar um número com mais de sete algarismos, é mais fácil se você o "agrupar". Assim, é mais fácil recordar um telefone em pares ou trios (ou "grupos"):
> 07 32 98 56 44
> É mais fácil recordar isso do que algarismos separados:
> 0 7 3 2 9 8 5 6 4 4
> E a lista de compras é mais fácil de lembrar assim: feijão e pão; tomate e manteiga; café e leite, principalmente se houver algum significado semântico nos grupos. (Portanto, é mais fácil lembrar "café e leite" do que "café e tomate", porque geralmente pomos leite no café, mas quase nunca tomate.)

se, a memória de trabalho seria a RAM e a memória de longo prazo seria o disco rígido ou o armazenamento na nuvem, onde guardamos nosso trabalho.

A memória de trabalho tem a tarefa de processar os dados que chegam e decidir guardá-los ou jogá-los fora. O chamado "executivo central" opera como um tipo de gerente ou supervisor, equilibrando entrada e saída. Pode gerir várias tarefas ao mesmo tempo, desde que não exijam o mesmo tipo de habilidade ou atenção. Assim, é possível tricotar e assistir à televisão, mas não ler e falar ao mesmo tempo.

Os pedacinhos que a memória de trabalho separa para o armazenamento a longo prazo são mais bem lembrados quando processados profundamente. Isso significa que têm de ser analisados e compreendidos, não só repetidos. A repetição funciona — é como aprendemos o alfabeto, e não o esquecemos —, mas os processos que dão significado ou vinculam novos conhecimentos a conhecimentos existentes são melhores para formar memórias de longo prazo.

194 | CAPÍTULO 20

> ## O QUE VOCÊ ESTAVA FAZENDO QUANDO KENNEDY FOI ASSASSINADO?
>
> As "memórias flash" são fragmentos vivos de memória episódica que se enfiam na mente. Elas preservam momentos intensos para nós pessoalmente ou nossas circunstâncias pessoais — o que fazíamos, onde estávamos — quando algum evento dramático ou importante ocorreu. É por isso que muitos americanos idosos podem lhe dizer exatamente o que estavam fazendo quando ouviram a notícia dos tiros contra o presidente Kennedy em 1963 ou contra Martin Luther King Jr. em 1968, e muitos conseguem lembrar o que faziam quando ouviram a notícia dos ataques terroristas de 11 de setembro. (Nem todos os psicólogos concordam que as "memórias flash" sejam algo especial. Podem parecer muito sólidas só porque as recordamos e revivemos com frequência.)

Surpresa!

As coisas são mais memoráveis quando nelas há algo distinto. A complexidade (desde que não seja tão complexa que não compreendamos) auxilia a recordação. É mais provável recordar "Sete anos de pastor Jacob servia Labão, pai de Raquel, serrana bela" do que "Jacob serviu sete anos como pastor a Labão, pai da bela serrana Raquel," (embora o ritmo também ajude). Qualquer coisa diferente é mais fácil de lembrar.

As coisas são mais fáceis de lembrar quando têm relevância pessoal. Desse modo, se alguém lhe disser o significado de uma palavra nova, talvez você o recorde. Se lhe perguntarem se uma palavra se aplica a você e explicarem o que significa, é mais provável que você se lembre. Assim, "corpulento" significa gordo. Você é corpulento? Talvez se ofenda com a pergunta, mas pelo menos você se lembrará. Até inventar um vínculo dá certo.

Lembranças estruturadas

Se você tivesse de jogar todos os seus pertences — livros, roupas, panelas, ferramentas, lençóis, tudo — numa única caixa imensa, a vida ficaria muito difícil. Você teria de revirar todos os martelos, carregadores de celular e cebolas sempre que quisesse um pé de meia. Em vez disso, organizamos nossas posses.

Com nossas lembranças, é a mesma coisa. Se a memória só guardasse uma vasta sopa de placas de carro, festas da família, fórmulas químicas e estatísticas sobre a Primeira Guerra Mundial, seria difícil recordar qualquer coisa. Assim, o cérebro usa esquemas para estruturar o que sabemos e recordamos. A aplicação de esquemas ao modo como pensamos foi proposta pelo psicólogo britânico Frederic Bartlett em 1932 e amplamente adotada e adaptada.

Você pode pensar numa gaveta com separações como um esquema para talheres. É mais fácil tratar das informações novas quando conseguimos encaixá-las num esquema existente. Quando obtém uma colher nova, você sabe onde colocá-la. Se quiser um garfo, sabe onde procurar. As informações que não se encaixam no esquema podem ser distorcidas, facilmente esquecidas ou mal lembradas. Se for bastante importante, podemos revisar o esquema, mas em geral resistimos a isso. Se alguém lhe der uma colher de sorvete e em sua gaveta de talheres não houver lugar para colheres de sorvete, talvez você a classifique como colher, guarde-a em lugar diferente ou decida que não precisa dela e a descarte.

Não é o que você pensou

A disposição forte da mente a usar esquemas faz nossa memória distorcer informações. Ela pode ser distorcida para se en-

CAPÍTULO 20

caixar num esquema quando a encontramos e mais distorcida ainda para se encaixar melhor conforme nossos esquemas se desenvolvem e mudam com o tempo. Um modo pelo qual isso se manifesta é pelo preconceito.

Suponha que você veja duas pessoas brigando na rua, um rapaz de moletom com capuz e uma senhora idosa. A senhora idosa tem uma faca. Mais tarde, você pode dizer que o rapaz de capuz tinha uma faca, porque consideraria isso mais provável.

Bartlett investigou o impacto dos esquemas na confiabilidade da memória contando a um grupo de estudantes um conto folclórico dos nativos americanos, *A guerra dos fantasmas* (ver o quadro da página 199), e os fez recordar e contar novamente a história várias vezes no decorrer do ano. Todos acreditavam que estavam contando a história com exatidão, mas fizeram mudanças como:

- deixaram de fora informações irrelevantes para eles
- mudaram detalhes, ordem e ênfase para combinar com o que lhes parecia importante
- racionalizaram e explicaram detalhes que não pareciam fazer sentido
- mudaram o conteúdo e o estilo para ficar mais de acordo com o histórico cultural dos próprios estudantes.

Os esquemas também afetam nossa lembrança de lugares e situações. Em 1981, Brewer e Treyens pediram a trinta pessoas que esperassem, separadamente, 35 segundos numa sala que disseram ser o escritório de um acadêmico. Depois, lhes pediram que recordassem o que havia no escritório. A maioria recordou corretamente coisas que esperavam achar num escritório, como uma escrivaninha, mas esqueceu objetos inesperados (como um alicate). Alguns recordaram falsamente objetos como livros e canetas, que esperavam que houvesse num escritório, mas não estavam lá. Itens inesperados e bizarros, como um crânio, foram bem lembrados.

Não se esqueça

Podemos esquecer coisas da memória de longo prazo se houver interferência de outras informações semelhantes encontradas antes ou depois. Essa confusão aumenta mais com o volume de informações do que com a passagem do tempo, pelo menos em períodos relativamente curtos. Não se sabe se as informações são realmente apagadas ou deslocadas da memória de longo prazo ou se simplesmente não conseguimos acessá-las. É mais rápido reaprender algo que esquecemos do que aprender algo completamente novo, então talvez as informações ainda estejam armazenadas, mas não conseguimos alcançá-las sem renovar algum vínculo com elas.

É mais provável recordarmos coisas quando revisitamos o contexto em que as encontramos ou aprendemos pela primeira vez. Assim, mergulhadores que decoraram uma lista de palavras embaixo d'água têm mais probabilidade de recordá-la embaixo d'água do que em terra. Quando treinam técnicas de emergência, é mais provável que as pessoas se lembrem delas numa emergência de verdade se treinaram numa emergência simulada.

Tente melhor

Se quiser mesmo recordar alguma coisa — quando for estudar para uma prova, por exemplo —, será mais fácil se você:

- Repetir o material, como relê-lo três vezes (pelo menos), para fixá-lo na memória de longo prazo

CAPÍTULO 20

- Elaborá-lo e explicá-lo de maneira que faça sentido para você
- Encaixá-lo num contexto ou esquema, para que passe a fazer parte de sua base de conhecimentos
- Memorizar dicas que o ajudem a recordar, como criar mnemônicos ou encaixar as palavras numa música.

> **QUANDO ESQUECER FAZ BEM**
> Sigmund Freud acreditava que uma fonte de ansiedade e angústia para muita gente são as lembranças desagradáveis reprimidas da infância. Ele achava que a mente esquece ou reprime deliberadamente o trauma como um mecanismo de proteção. Mas esse esquecimento cobra um preço. Para curar a ansiedade ou a depressão que causa, os pacientes precisam da ajuda de um psicoterapeuta para revelar e processar as lembranças suprimidas. Há algum desacordo sobre essa recordação de traumas passados, se seria útil ou prejudicial. Além disso, algumas lembranças "reveladas" podem ser invenções sugeridas pelo processo de análise ou construídas a partir dos esquemas do paciente.

A memória de longo prazo responsável pelo aprendizado de habilidades motoras é muito resiliente.

A GUERRA DOS FANTASMAS

Certa noite, dois rapazes de Egulac desceram até o rio para caçar focas. Ouviram gritos de guerra e pensaram: "Talvez seja um grupo de guerreiros." Eles fugiram até a margem e se esconderam atrás de um tronco. Então, ouviram o ruído dos remos e viram uma canoa vindo em sua direção. Havia cinco homens na canoa, e eles disseram:

— Queremos levar vocês conosco. Vamos subir o rio para fazer guerra contra as pessoas.

Um dos rapazes disse:

— Não tenho flechas.

— Há flechas na canoa — disseram os cinco homens.

— Não vou com vocês. Podem me matar. Meus parentes não sabem aonde fui. Mas você — disse o primeiro rapaz, virando-se para o outro, — pode ir com eles.

Assim, um dos rapazes foi, mas o outro voltou para casa. E os guerreiros subiram o rio até uma cidade no outro lado de Kalama. As pessoas desceram até a água e eles começaram a lutar, e muitos foram mortos. Nisso, o rapaz ouviu um dos guerreiros dizer:

— Depressa, vamos voltar para casa; aquele índio foi atingido.

O rapaz pensou: "Oh, eles são fantasmas."

Ele não se sentiu mal, mas os outros disseram que ele tinha sido atingido. Assim, as canoas voltaram a subir o rio, e o rapaz foi para casa. E ele contou a todos:

— Vejam, acompanhei os fantasmas e fomos lutar. Eles disseram que fui atingido, e não me senti mal.

Ele contou tudo e depois ficou em silêncio. Quando o sol nasceu, ele caiu. Algo preto saiu de sua boca. Seu rosto se contorceu. As pessoas pularam e gritaram. Ele estava morto.

CAPÍTULO 21

Que Tal Responder a Algumas Perguntas?

As técnicas usadas para chamar nossa atenção são fáceis de perceber quando sabemos o que procurar.

202 | CAPÍTULO 21

Muitos querem nos convencer a fazer coisas que realmente não queremos. E precisam desenvolver técnicas cada vez mais astutas para competir por nossa atenção e obediência. Então, como funciona a persuasão? Ela pode ser perigosa?

Você sofreu um acidente?

Muita gente é importunada por telefonemas incômodos. Quem liga trabalha num *call center* em algum lugar, não nos conhece, pouco sabe sobre nós e tem de ganhar nossa atenção antes de desligarmos. Se desligarmos imediatamente, acabou. Mas, se conseguir que falemos, a pessoa tem uma chance.

Ela pode começar sendo educadíssima, lhe desejando bom-dia. Se responder, você está fazendo um investimento na ligação e começando a construir um laço com ela. É mais difícil bater o telefone na cara de alguém a quem você acabou de responder.

A pessoa então pode começar com uma história inventada: "Soubemos que alguém em sua casa sofreu um pequeno acidente..." Não tema que suas informações pessoais tenham vazado nem suponha que eles têm alguma informação. Dizem isso a todo mundo, e algumas pessoas sofreram acidentes. O fato de "saberem" algo a seu respeito já faz você se sentir envolvido; novamente, é menos provável que desligue. E, se não sofreu nenhum acidente, quanto mais depressa desligar o telefone, melhor, porque estará ocupando o tempo que eles poderiam usar para vender sua solução para acidentes a outra pessoa.

A pessoa pode dizer que está fazendo uma pesquisa e lhe pedir que ajude por alguns minutos. Muita gente gosta de ajudar. E muita gente gosta de responder a perguntas so-

Que Tal Responder a Algumas Perguntas? 203

> **UM PÉ NA PORTA**
>
> Uma técnica de vendas antiquíssima é o "pé na porta". Em princípio, é a mesma abordagem de "você me ajudaria com uma pesquisa?". O nome vem dos vendedores de porta em porta, muito comuns nas décadas de 1950 e 1960, que vendiam de tudo, de enciclopédias a aspiradores de pó. Dizem que eles punham o pé no caminho da porta quando a dona de casa desinteressada tentava batê-la na cara deles. Aquele pé lhes dava a oportunidade de começar seu discurso e, assim que começavam, tinham a oportunidade de conseguir uma venda.
>
> Toda vez que para e fala com um pesquisador ou coletor de doações na rua, fica no telefone com um desses ligadores ou concorda em aceitar um folheto, você deixa alguém pôr o pé na porta.

bre si (é por isso que fazemos pesquisas malucas em revistas e sites na internet). Assim que concordar em responder a algumas perguntas, você estará fisgado. Agora investiu na transação e não vai querer desperdiçar todo o tempo que já lhe dedicou.

Como você é legal

Por mais desinteressado que esteja no produto que tentarão lhe vender mais adiante, você lhes mostrou e, mais importante, mostrou a si mesmo que é uma pessoa prestativa. Gostamos de nos ver como prestativos. Ficamos nos sentindo bem conosco: ajudamos essa pessoa a fazer seu trabalho só respondendo a algumas perguntas. Agora que se sente virtuoso e ligado à pessoa que produziu a boa sensação lhe pedindo um favor, você não vai estragar esse bom sentimen-

204 | CAPÍTULO 21

to abandonando a interação. Agora você vai querer, mesmo que só um pouquinho, que ela continue.

Peça pouco, ganhe muito

Muitas formas de persuasão se aproveitam de como gostamos de nos ver. Em 1976, Robert Cialdini e David Schroeder realizaram um estudo sobre doações para caridade. Estudantes que trabalhavam como coletores foram de porta em porta pedindo doações para a Sociedade Americana do Câncer. Alguns só pediram a doação, mas outros acrescentaram que "até um centavo ajuda". Eles descobriram que quem acrescentou a frase sobre o centavo coletou mais dinheiro. As pessoas reagiam pensando "não posso dar só um centavo", e davam mais. Ser pão-duro a ponto de só dar um centavo não se encaixava em sua autopercepção de pessoas boas e generosas. Por levar as pessoas a pensarem "não posso dar só um centavo", os coletores plantaram a ideia de que os possíveis doadores dariam alguma coisa — e então a questão passava a ser apenas a quantia.

Atraia seu interesse

Outra técnica é despertar o interesse das pessoas. Em 1994, Santos, Leve e Pratkanis deram a uma pesquisadora a tarefa de ficar numa esquina pedindo trocados aos transeuntes. Quando ela só pedia um trocado, 44% das pessoas lhe davam dinheiro. Quando pedia um quarto de dólar, 64% das pessoas obedeciam, mas isso subia para 75% se ela pedisse uma quantia ímpar, como 17 ou 37 centavos. Por ser mais incomum, o pedido não provocava uma reação automática; as pessoas paravam para pensar e, então, tendo se interessado, davam.

Não tanto assim!

A técnica oposta é pedir um grande favor e, quando a pessoa recusar, pedir outro menor. O truque é fazer da coisa que você *realmente* quer o favor menor. Imagine que você queira que uma amiga busque seu filho na escola um dia. Se começar pedindo-lhe que fique com a criança o fim de semana inteiro enquanto você viaja, é provável que ela diga não. Mas se, depois disso, você pedir a ela que apenas o pegue na escola e o leve para casa, é provável que ela concorde. Quando alguém faz uma concessão, é provável que façamos uma concessão em troca. É fácil manipular essa situação para obter o que você quer.

É bem sabido que, se você formular um pedido de maneira que as pessoas tenham uma forma fácil de escapar, elas escaparão. Assim, se você perguntar: "Será que você teria tempo para me dar uma carona até a cidade?", a resposta padrão é "não". Mas, se insinuar o que quer num pedido para algo que não espera, você tem uma boa probabilidade de conseguir o favor menor. Se tiver sorte, pode até receber o favor maior. Então a seguinte frase "Acho que você não gostaria de me levar a Birmingham, mas será que poderia me dar uma carona até a estação para eu pegar o trem?" – talvez o ajude a conseguir uma carona até a cidade.

Técnica da bola baixa

Como discurso de venda, você diria que aumentar o pedido seria um desastre. Mas, surpreendentemente, dá certo. É uma técnica tipicamente associada à venda de carros. Você demonstra interesse por um carro, lhe dão o preço, você

206 | CAPÍTULO 21

decide comprar. Então todos os extras se infiltram, o preço subindo sem parar. Mesmo assim, você compra o carro. As empresas aéreas também fazem isso. Você clicou nas passagens que quer e, de repente, todos os tipos de suplementos e extras opcionais começam a aparecer, forçando o preço a subir. Em ambos os casos, se sentirmos que assumimos um compromisso, aceitamos.

Fruto proibido e reatância

Às vezes não queremos persuadir ninguém a fazer ou querer alguma coisa, queremos persuadir as pessoas a *não* fazer nem querer. Pode ser dificílimo, porque, assim que algo parece proibido ou perigoso, queremos. Não gostamos de restrições a nossas ações, e qualquer coisa que pareça uma restrição pode provocar "reatância" — uma reação contra o pedido ou conselho.

Brad Bushman e Angela Stack pesquisaram o impacto de avisos e informações nos rótulos sobre o modo como as pessoas reagiam a programas violentos na TV e a alimentos ricos em gordura.

Há duas reações conflitantes aos rótulos com avisos. A teoria do "fruto podre" indica que, se forem explicitamente rotulados como prejudiciais, evitaremos os alimentos ricos em gordura. A teoria do "fruto proibido" indica que queremos o que achamos que não devemos ter. Os pesquisadores investigaram o efeito de não rotular, de dar informações nos rótulos (que só citavam fatos) e de rótulos com avisos (que davam os fatos e ressaltavam os riscos) e descobriram que indivíduos com reatância elevada achavam atraentes os rótulos com avisos. Tinham mais probabilidade de querer assistir a um programa violento ou comer um alimento rico em gordura se rotulados com avisos do que se rotulados só com informações. Os rótulos com informações confiam que usaremos nossa capacidade de avaliação, mas os rótulos com avisos nos dizem o que fazer, e não gostamos disso.

CAPÍTULO 22

O Poder Corrompe?

Talvez você imagine que seria um governante benigno, mas dá para ter certeza?

210 | CAPÍTULO 22

Vemos isso várias vezes: alguém parece honrado ao ocupar um cargo público, mas em pouco tempo age como um tirano corrupto. Soldados aparentemente decentes partem para a guerra e, em semanas, estão jogando napalm em aldeões inocentes, estuprando meninas, guarnecendo câmaras de gás ou torturando prisioneiros iraquianos. Eles são as poucas maçãs podres que estragam o barril, como disse o secretário de Defesa americano Donald Rumsfeld (sobre Abu Ghraib)? Ou o barril é que estraga as maçãs?

Recrutar prisioneiros

Quando montou uma experiência na Universidade de Stanford sobre o comportamento de pessoas postas no papel de preso ou de guarda da prisão, Phil Zimbardo pretendia que durasse duas semanas. Ele queria descobrir de que modo a posição de autoridade ou subserviência afetava o comportamento. Como explicou, se pusermos pessoas boas em situações más, o que elas farão? No fim das contas, ele interrompeu o experimento em apenas seis dias, pois o efeito sobre os participantes foi insuportável.

O experimento de Phil Zimbardo foi realizado em 1971, dez anos depois dos achados arrepiantes de Stanley Milgram sobre a obediência (ver o capítulo 2). Zimbardo pôs um anúncio na imprensa pedindo voluntários para participar de uma experiência de psicologia sobre o efeito da vida prisional. Dos 70 voluntários, escolheu 24 candidatos considerados normais e sem risco de prejuízo psicológico e lhes atribuiu aleatoriamente o papel de guarda ou prisioneiro. Todos eram estudantes do sexo masculino dos EUA ou do Canadá.

O jogo: prisioneiros

O experimento começou com roteiros realistas de prisão. A polícia (que cooperava com os experimentadores) chegou cedo à casa dos "prisioneiros" numa manhã de domingo, revistou-os, algemou-os, enfiou-os em carros da polícia e os levou embora, geralmente sob o olhar dos vizinhos, que supuseram que a coisa toda era real. Foi um começo muito estressante para emular da melhor maneira possível a experiência de muitos suspeitos reais.

Os "prisioneiros" foram levados a uma delegacia real, registrados por policiais reais de óculos escuros, tiveram suas impressões digitais tiradas, foram fotografados, vendados e deixados numa cela.

A "prisão" era um corredor adaptado do Departamento de Psicologia do campus da Universidade de Stanford. As portas comuns dos laboratórios foram substituídas por portas de grade, e o "pátio de exercícios" era o corredor fechado. Não havia janelas, luz natural nem relógios. Os prisioneiros eram escolta-

212 | CAPÍTULO 22

dos até o banheiro quando necessário. Um armário, apelidado de "buraco" e com tamanho apenas suficiente para um prisioneiro ficar ereto, estava disponível para confinamento solitário. Media 60 cm de lado. Quando cada prisioneiro chegava, diziam-lhe a gravidade de seu crime, despiam-no, revistavam-no e o borrifavam com remédio contra piolhos. Parece bárbaro, mas foi copiado de procedimentos de uma penitenciária no Texas. Cada prisioneiro foi vestido com um blusão, com seu número na frente e nas costas. Não eram permitidas roupas de baixo. Essa parte não foi copiada da prática penitenciária comum, mas calculada para produzir um nível de humilhação e desumanização semelhante ao da rotina das prisões. Os prisioneiros usavam uma corrente no tornozelo o tempo todo. Em vez de ter a cabeça raspada (como na realidade), cada homem tinha de usar um gorro feito com uma meia de nylon cortada. Os prisioneiros eram chamados e tinham de se referir uns aos outros pelo número e não pelo nome. Dormiam três em cada cela, em salas vazias com espaço apenas para as camas.

O jogo: guardas

Os guardas não receberam nenhum treinamento especial, mas lhes disseram que usassem os métodos que achassem sensatos para manter a ordem na prisão. Foram alertados para a seriedade de sua posição e para os perigos envolvidos. Usavam fardas cáqui idênticas e óculos escuros espelhados, tinham um apito no pescoço e portavam cassetetes emprestados pela polícia. Nove guardas trabalhavam em turnos, três de plantão de cada vez, cuidando de nove prisioneiros divididos em três celas. Os guardas e prisioneiros a mais ficaram de reserva.

O Poder Corrompe? | 213

O jogo: a vida na prisão

Às 2h30 da madrugada da primeira noite, os prisioneiros foram acordados por um apito e tiveram de sair da cela para "contagem". A partir daí, as contagens aconteceram regularmente, como forma de fazer os guardas afirmarem sua autoridade sobre os prisioneiros. Os guardas podiam punir os prisioneiros que desobedecessem às ordens ou regras. Uma punição comum foi forçar os prisioneiros a fazer flexões. Zimbardo notou que os guardas dos campos de concentração nazistas também ordenavam aos presos que fizessem isso. Um dos guardas de Zimbardo subiu nas costas dos presos enquanto faziam flexões ou mandava outros presos se sentarem ou pisarem nas costas dos colegas.

Rebelião

No primeiro dia, os prisioneiros ficaram obedientes. No segundo dia, se revoltaram. Arrancaram os gorros e os nú-

214 | CAPÍTULO 22

meros dos blusões, se barricaram nas salas e provocaram os guardas. Estes pediram reforços e usaram extintores de incêndio nos prisioneiros para afastá-los das portas. (Os extintores estavam lá para combater incêndios e não foram fornecidos para serem usados como armas.) Os guardas abriram a porta das celas, despiram os prisioneiros, puseram o chefe em confinamento solitário e agrediram os outros presos.

Privilégio versus punição

A equipe percebeu que não poderia continuar usando nove guardas para controlar nove prisioneiros. Assim, reuniu-se e decidiu métodos de controle psicológico, em vez de físico. Os três presos que tinham desempenhado um papel menor na rebelião foram transferidos para uma "cela privilegiada", receberam as roupas de volta e comida especial, que lhes disseram que comessem diante dos outros presos, que ficaram sem permissão de comer nada. Um pouco depois, alguns presos "bons" e "maus" foram trocados, sem explicação. A meta era desfazer a solidariedade entre os presos: dividir para reinar, em outras palavras. Deu certo: os presos começaram a desconfiar uns dos outros, suspeitando que alguns presos "maus" trocados tinham agido como informantes. Técnicas semelhantes, muitas vezes aproveitando a tensão racial, eram empregadas em penitenciárias americanas na época, de acordo com os ex-condenados empregados para assessorar os experimentadores.

A reação à rebelião, além de desfazer a solidariedade entre os presos, também aumentou a solidariedade entre os guardas, que agora viam os presos como uma ameaça a seu grupo. Eles passaram a controlar os prisioneiros com mais rigor, ne-

O Poder Corrompe? | 215

gando visitas ao banheiro, não deixando que esvaziassem os penicos e reduzindo o acesso a cigarros.

Colapso

Com apenas 36 horas da experiência, um prisioneiro começou a entrar em colapso. Passou a agir de forma irracional, a chorar sem controle, a ter ataques de fúria. O assessor prisional criticou o prisioneiro por ser fraco e explicou o tipo de agressão que sofreria se fosse um preso genuíno. Ofereceu ao preso a possibilidade de leniência em troca de se tornar informante. Foi preciso mais algum tempo e muito mais comportamento irracional para os experimentadores perceberem que o sofrimento do rapaz era genuíno, e ele foi removido da experiência. Mais tarde, os experimentadores se espantaram ao ver que seu próprio pensamento se afinara com a situação prisional: supuseram que o rapaz tentava enganá-los e não reconheceram a angústia genuína.

Os experimentadores estavam entrando demais no papel de superintendentes da prisão. Quando começaram a circular boatos de planos de uma fuga em massa, em vez de observar e anotar os padrões de comportamento, os experimentadores consultaram especialistas em segurança prisional e elaboraram um plano para frustrá-la. Quando Zimbardo perguntou à polícia local se poderia transferir seus presos para celas de verdade na noite da fuga planejada, o pedido foi recusado. Ele se zangou, acorrentou os presos, pôs sacos sobre suas cabeças e os removeu para outra área. Depois, sentou-se na cadeia vazia, esperando confrontar as pessoas que resgatariam seus "prisioneiros".

Um colega psicólogo o viu de passagem, lhe perguntou sobre a experiência e quis saber qual era a variável indepen-

216 | CAPÍTULO 22

dente. Zimbardo se irritou e disse que tinha coisas mais importantes a tratar. Só muito depois ele percebeu que o experimento também o envolvera. No fim das contas, a fuga tinha sido um boato. Desapontados com a perda de tempo e a humilhação, os guardas importunaram e puniram os presos em retaliação (retaliação por não tentarem fugir!). Obrigaram-nos a lavar o vaso sanitário com as mãos nuas e os forçaram a realizar atos humilhantes, como simular sodomia e fazer exercícios extenuantes.

> **TODOS JUNTOS AGORA...**
> Quando tiveram permissão de visitar os filhos que participavam da experiência, os pais fizeram reclamações formais sobre o tratamento dos filhos, mas agiram com deferência diante das figuras de autoridade. Embora soubessem que era uma experiência e não tivessem concordado pessoalmente em participar, sem querer desempenhavam o papel que a situação lhes atribuíra.

O jogo acabou

Quando Zimbardo aceitou pedidos de presos sujeitos a liberdade condicional, duas coisas extraordinárias aconteceram. O assessor ex-condenado que participara da chefia do setor de liberdade condicional agiu, para seu horror, exatamente como o homem que, durante dezesseis anos, recusou seus pedidos de liberdade. E a maioria dos presos, quando lhes perguntaram se abririam mão do dinheiro que receberiam pela experiência em troca da liberdade condicional, respondeu que sim — mas aí voltaram obedientemente para as celas, enquanto os pedidos eram avaliados. Qualquer um deles poderia sair da experiência imediatamente (abrindo mão do pagamento), mas eles agiram como presos de verdade. Simplesmente não lhes ocorreu ir embora.

O experimento acabou quando uma psicóloga (a única de 50 visitantes externos) demonstrou horror com o modo como os rapazes eram tratados. Zimbardo percebeu que ela estava certa e interrompeu a experiência depois de apenas seis dos quatorze dias previstos. Mais tarde, ele disse que deviam ter parado antes, depois do segundo colapso, mas até os experimentadores tinham sido atraídos e envolvidos pelo papel de dirigentes da prisão. Muito assustador.

Maçãs podres ou barris podres?

No fim do período, Zimbardo notou que havia três tipos de guarda:

> *"Fiquei muito zangado com ele. Ali eu tinha uma fuga da prisão nas mãos. A segurança de meus homens e a estabilidade de minha prisão estavam em jogo, e agora eu tinha de lidar com esse idiota, fresco, acadêmico, liberal, manteiga derretida preocupado com a variável independente! Só muito mais tarde percebi até que ponto eu mergulhara em meu papel na prisão naquele momento — que eu pensava como um superintendente de penitenciária e não como um psicólogo pesquisador."*
>
> Phil Zimbardo, psicólogo experimental

- Guardas "duros, mas justos", que tratavam os presos de acordo com as regras
- Guardas "bonzinhos" que prestavam pequenos favores aos presos e nunca os puniam
- Guardas "maus" que eram vingativos, sádicos e inventivos nas formas de humilhação e punição que criavam. Pareciam gostar do poder que tinham sobre os presos e

218 | CAPÍTULO 22

o brandiam em todas as oportunidades. Câmeras ocultas revelaram que agrediam os presos à noite, sem nenhuma razão específica, quando achavam que não eram observados.

Zimbardo não encontrou nada no perfil dos guardas "bonzinhos" ou "maus" que pudesse levá-lo a prever em que se transformariam. Os presos também caíram em grupos. Alguns eram submissos e ficavam longe de encrencas obedecendo instantaneamente; outros resistiam. Nos perfis dos presos houve mais pistas sobre como se comportariam. Os acostumados a uma vida mais disciplinada foram mais capazes de suportar a pressão de estarem presos e se aguentaram mais tempo do que os outros.

Uma antevisão de Abu Ghraib

Zimbardo observou as semelhanças entre as condições aplicadas em seu experimento e as da prisão militar americana de Abu Ghraib, no Iraque. Algumas são bastante espantosas.

Em Abu Ghraib, os presos foram despidos e obrigados a ficar em pé com sacos na cabeça. O fingimento de atos sexuais humilhantes foi uma tática usada tanto em Stanford quanto em Abu Ghraib. As agressões em Abu Ghraib foram atribuí-

> *"Não considero isso um experimento ou simulação, porque era uma prisão administrada por psicólogos, não pelo Estado. Comecei a sentir que aquela identidade, a pessoa que eu era que decidira ir para a prisão, estava longe de mim, era remota, até que finalmente eu não era mais assim, eu era 416. Eu realmente era meu número."*
>
> "Preso número 416", voluntário do Experimento da Prisão de Stanford.

das a "algumas maçãs podres", mas Zimbardo argumentou que maçãs podres não estragam o barril, mas talvez barris podres estraguem as maçãs. As situações em que pomos as pessoas podem fazer ou permitir que façam coisas ruins.

Anos depois da experiência, Zimbardo falou como especialista no julgamento dos guardas de Abu Ghraib. É claro que os guardas estavam realmente sob estresse; estavam numa situação de conflito, lidando com pessoas que, segundo acreditavam, queriam matá-los. Os "guardas" de Stanford não tinham essa desculpa. Quando a experiência foi suspensa, não surpreende que os presos ficassem contentes. Mas muitos guardas ficaram desapontados. Mesmo entre os guardas "bonzinhos", nenhum fizera objeção ao modo como os presos estavam sendo tratados. Nenhuma pessoa, com exceção da psicóloga visitante, externou alguma preocupação em nome dos presos.

O poder do mal?

A experiência não seria permitida hoje. Não passaria pela comissão de ética. Havia risco de dano psicológico grave aos presos e aos guardas — e, no fim das contas, aos experimentadores que ficaram tão envolvidos com a própria experiência que até perderam de vista sua ficção.

A situação talvez pareça semelhante à experiência de Milgram (ver o capítulo 12), mas houve diferenças significativas e arrepiantes. O experimento de

> *"Ah, se em algum lugar houvesse gente má, cometendo insidiosamente más ações, e só fosse necessário separá-las do resto de nós e destruí-las. Mas a linha que divide o bem e o mal atravessa o coração de todos os seres humanos."*
>
> Alexander Soljenitsin, *O arquipélago Gulag*, 1973.

Milgram testou se as pessoas obedeceriam às outras e causariam mal — se podemos ser alistados para a crueldade quando há uma figura de autoridade que se responsabiliza pelo resultado. Já é bastante ruim que as pessoas se disponham a dar choques elétricos quase fatais em inocentes só porque alguém mandou. Mas o Experimento da Prisão de Stanford foi ainda mais perturbador. Zimbardo usou a palavra "mal" para descrever o que as pessoas fariam umas com as outras. O título de seu livro sobre o experimento é intransigente: *The Lucifer Effect: Understanding How Good People Turn Evil* (O efeito Lúcifer: como pessoas boas ficam más). A experiência revelou um aspecto sombrio da natureza humana: a disposição de ferir os outros sem nenhuma razão e até de criar formas novas de dominá-las e feri-las simplesmente porque a posição de poder lhe permite.

> "Todos os feitos que qualquer ser humano jamais cometeu, por mais horrível que sejam, são possíveis para qualquer um de nós nas circunstâncias corretas. Esse conhecimento não desculpa o mal; ele o democratiza, divide sua culpa entre atores comuns, em vez de declará-lo província de desviados e déspotas — Eles, não Nós. A lição primária do Experimento da Prisão de Stanford é que as situações podem nos levar a comportamentos cuja possibilidade não poderíamos nem conseguiríamos prever com antecedência."
>
> Phil Zimbardo

Ninguém sabe que é você

Uma das conclusões de Zimbardo foi que a despersonalização dos indivíduos e a ocultação de sua identidade tornou a queda na submissão patológica ou na crueldade desprezível mais fáceis e prováveis: "Quando se sentem anônimas numa situação, como se ninguém tivesse consciência de sua verdadeira identidade (e, portanto que ninguém provavelmente se importaria), as pessoas podem ser mais facilmente induzidas a se comportar de maneira antissocial."

O tipo de agressão abusiva que vemos na internet, nas mídias sociais, onde as pessoas podem se esconder atrás de um nome de usuário anônimo e não têm de enfrentar as vítimas que agridem, resulta do mesmo efeito.

Desindividuação

A perda da autoconsciência que vem quando as pessoas agem em grupo é chamada de "desindividuação". Com seus óculos espelhados e fardas para mascarar a identidade pessoal, os guardas são protegidos pela desindividuação. Por outro lado, ela torna os presos vulneráveis: despidos ou uniformizados, com a cabeça raspada ou escondida, não são mais indivíduos humanos por quem os guardas possam sentir empatia. As pessoas sao facilmente convencidas de serem diferentes, sem valor, não merecedoras de tratamento decente. Se isso acontece entre estudantes universitários americanos num período de 36 horas, quanto mais provável será que aconteça numa guerra ou em outra situação estressante?

Zimbardo disse que, nessas situações, passado e presente desaparecem e só a gratificação do momento conta. As

222 | CAPÍTULO 22

pessoas fazem coisas sem pensar nas consequências nem nas razões. E ninguém pode dizer que não faria. É por isso que é tão assustador.

CAPÍTULO 23

O Que Você Está Esperando?

Há outra coisa que você deveria fazer agora em vez de ler este livro?

224 | CAPÍTULO 23

Procrastinação: todos fazemos isso. Há uma tarefa a cumprir, mas simplesmente não conseguimos ou não começamos. Nem precisa ser uma tarefa chata ou desagradável; ainda assim, parece quase impossível parar de matar o tempo e simplesmente fazer o trabalho ou tarefa que é tão importante ou urgente. Por que dificultamos nossa vida com tanta persistência adiando as coisas? Às vezes, procrastinamos até que mal reste tempo para terminar a tarefa, e então trabalhamos melhor sob a pressão que criamos. Às vezes precisamos genuinamente descansar para nosso cérebro trabalhar subconscientemente no problema.

A questão é fazer direito?

Um erro comum de concepção é que a procrastinação é produto do perfeccionismo — que adiamos começar algo porque tememos não ser bastante bons. Na verdade, isso significa que retardamos ou evitamos o desapontamento ou a frustração sa-

---

ATIVIDADE DE SUBSTITUIÇÃO

Fazer outra coisa em vez do que se pretende ou tem de fazer se chama "atividade de substituição". Os animais, tanto quanto os seres humanos, se dedicam à atividade de substituição quando não podem escolher entre duas ações ou quando uma ação que estão fortemente motivados a fazer é bloqueada. Algumas aves bicam a grama diante de um adversário: não conseguem decidir se lutam ou fogem e fazem algo totalmente inútil na situação.

Às vezes coçamos a cabeça quando tentamos tomar uma decisão; é uma atividade de substituição. Algumas pessoas mastigam ou giram uma madeixa ou brincam com a caneta quando sob pressão ou quando enfrentam uma decisão ou problema. Todas essas são atividades de substituição.

botando a tarefa. Em termos de autoimagem, é mais fácil sentir que você *poderia* ter feito direito se tentasse do que aceitar que tentou ao máximo mas não estava à altura. É claro que sabotar a tarefa também significa sabotar qualquer possibilidade de sucesso. Mas os estudos indicam que, na verdade, não há nenhum vínculo com o perfeccionismo e que, no caso, os perfeccionistas procrastinam menos do que os não perfeccionistas.

> *"[Procrastinação é] retardar voluntariamente um curso de ação pretendido apesar de esperar que o atraso piore a situação."*
>
> Piers Steel,
> Universidade de Calgary

Em vez disso, a procrastinação tem uma relação forte com a conscienciosidade — e, curiosamente, com ser uma pessoa noturna em vez de diurna. Os procrastinadores têm menos foco no futuro e uma visão mais fatalista e desesperançada até do presente. Parece que simplesmente não adianta ir lá e fazer porque não vai dar certo mesmo.

Fator de satisfação

Tudo isso soa bastante pessimista. Mas a procrastinação nos faz algum bem para compensar a perda no longo prazo. Ela nos dá um ânimo imediato: nos sentimos bem porque não estamos cumprindo a tarefa que não tínhamos vontade de cumprir.

A maioria, com uma dose menos que ótima de força de vontade, prefere a gratificação instantânea à gratificação retardada, mesmo que a instantânea seja de ordem inferior. É o princípio de que "um pássaro na mão vale mais do que dois voando".

Se tem de lavar o carro, escrever um relatório ou guardar as compras, é fácil adiar a tarefa em troca de assistir à TV ou surfar na internet. Provavelmente você se prometerá cumprir a

226 | CAPÍTULO 23

temida tarefa daqui a uma hora ou amanhã. E se sente melhor imediatamente, porque está fazendo algo que prefere fazer, e também se sente melhor porque planejou cumprir a tarefa. Dá para imaginar um futuro com a tarefa cumprida, porque será cumprida depois da hora que você escolheu para ela. Mas somos péssimos no que os psicólogos chamam de "previsão afetiva": imaginar como nos sentiremos em algum momento futuro. Portanto, se planeja escrever seu relatório amanhã, você se sentirá mais feliz porque não tem de escrevê-lo agora e preverá que se sentirá igualmente feliz com o plano amanhã, quando realmente terá de cumprir a tarefa. Infelizmente, não se sentirá.

CEDO DEITAR-SE...

"Cedo deitar-se e cedo levantar Saúde, riqueza e sapiência trará." Esse velho ditado é apoiado por pesquisas que mostram que quem dorme cedo e levanta cedo é menos propenso a procrastinar. Em consequência, essas pessoas realizam mais; podem ficar mais ricas e, certamente, mais sábias em termos de como usam o tempo. É provável que também tenham melhor saúde mental, pois, em geral, os procrastinadores enfrentam um nível mais alto de estresse e ansiedade do que os não procrastinadores.

Só para animar

Algumas pessoas adiam rotineiramente as tarefas até mal terem tempo de terminá-las no prazo. Será que curtem a adrenalina do estresse de se esforçar para cumprir um prazo que quase expirou? O Dr. Joseph Ferrari, da Universidade DePaul, em Chicago, no estado americano de Illinois, constatou que os procrastinadores tinham duas tendências: adiavam a tarefa porque não queriam cumpri-la (comportamento de evitação) ou a adiavam porque acreditavam que trabalhavam melhor sob pressão e esperavam até o ponto em que realmente teriam de começar se quisessem terminá-la. Ele concluiu que esse segundo grupo buscava a emoção do estresse que se impunham. Mas estudos posteriores indicaram que essa não é a razão real para a procrastinação; é só a racionalização.

Estudos de Kyle Simpson, da Universidade Carleton, em Ottawa, no Canadá, não encontraram relação entre os que buscam emoções e as medidas de procrastinação. Na verda-

O OPOSTO DA PROCRASTINAÇÃO

Os procrastinadores não conseguem começar as tarefas e, quando finalmente a começam, geralmente não se envolvem e a cumprem de qualquer jeito. O oposto é sentir o "fluxo" ou "entrar no clima". Como define o psicólogo de origem húngara Mihaly Csikszentmihalyi, "é como estar completamente envolvido com uma atividade pela atividade. O ego some. O tempo voa. Cada ação, movimento e pensamento se segue inevitavelmente ao anterior, como tocar jazz. Todo o seu ser se envolve e você usa sua habilidade ao máximo."

228 | CAPÍTULO 23

> **NEM COMECE!**
> *A procrastinação com o passar do tempo: uma história definitiva*, supostamente escrito por Paul Ringenbach em 1971, na verdade nunca foi publicado. Na verdade, sequer foi começado. O projeto todo foi uma piada: um livro sobre procrastinação que o autor não se deu ao trabalho de escrever... mas que ainda assim foi citado em algumas referências e bibliografias!

de, parece que as pessoas acreditam ou dizem a si mesmas que procrastinam porque trabalham melhor sob pressão ou gostam da correria, mas na verdade esse é só um jeito de desculpar para si a falta de atividade. Quando cumprem uma tarefa no último minuto, poucos ficam contentes por ter começado tão tarde. Muitos lamentam a demora e dizem que fariam um serviço melhor se tivessem mais tempo, ou que estavam interessados na tarefa e que é uma vergonha não terem tempo de apreciá-la direito.

A tendência a procrastinar foi ligada a lesões do córtex pré-frontal ou à sua baixa ativação. Essa área do cérebro tem um papel importante no planejamento, no controle de impulsos e na filtragem de estímulos de outras partes do cérebro que desviam a atenção.

A maioria não tem o córtex pré-frontal lesionado nem subativo, e não podemos usar essa desculpa. Muitos somos "curtoprazistas" que adiam tarefas difíceis, chatas ou longas para fazer algo imediatamente compensador — mesmo que tenha pouco ou nenhum valor a longo prazo. A maioria procrastina porque somos preguiçosos, não temos força de vontade e não estamos motivados. Só que é difícil admitir isso — e, se admitirmos, podemos sentir que realmente precisamos cumprir a tarefa. E, na verdade, não nos damos a esse trabalho.

CAPÍTULO 24

Quem Se Importa Se Você Perdeu o Leilão no eBay?

Nosso cérebro usa truques para nos fazer querer o que obtemos, mesmo que não obtenhamos o que queremos.

Imagine: você está assistindo a um importante evento esportivo internacional, torcendo pelo seu time. Então um jogador do time adversário faz uma jogada simplesmente brilhante. Você aplaude. Espere aí; você quer que ele perca. Mas como querer que ele perca, se é tão bom? Você sempre zombou dos esnobes que frequentam restaurantes absurdamente caros. Então alguém se oferece para levá-lo a um estabelecimento próximo que tem muitas estrelas no Guia Michelin. É contra seus princípios, mas você adoraria ir, só para experimentar, só uma vez... Se já teve experiências assim, você conhece a dissonância cognitiva, descrita por Leon Festinger na década de 1950.

Sua preocupação com o meio ambiente entra em conflito com seu desejo de ter um carro que bebe combustível? Você decidiria não comprar o carro ou compraria e acalmaria a consciência de outra maneira?

A experiência da "tarefa chata"

Em 1959, Leon Festinger e James Carlsmith realizaram uma experiência sobre a dificuldade das pessoas de conciliar o conflito entre crenças e ações. Recrutaram alguns estudantes para cumprir uma tarefa e lhes disseram que

Quem Se Importa Se Você Perdeu o Leilão no eBay? | 231

fazia parte de uma experiência de psicologia sobre "medidas de desempenho". Disseram aos estudantes que dois grupos faziam a experiência e que um deles era informado com antecedência para que tivesse expectativas específicas sobre a tarefa. Mas não era verdade; o experimento real ocorreria depois da tarefa.

> *"Quando alguém é induzido a dizer ou fazer algo contrário à sua opinião privada, haverá a tendência a mudar de opinião para fazê-la corresponder ao que se fez ou disse."*
>
> Leon Festinger e James M. Carlsmith, Universidade de Stanford, Califórnia

As tarefas eram monótonas. Durante meia hora, os estudantes tinham de mover alguns carretéis dentro de uma caixa. Depois, tinham de passar meia hora movendo pinos de madeira num tabuleiro. No fim, o experimentador agradeceu a cada aluno e disse que muita gente achara as tarefas interessantes.

Então o experimentador, fingindo vergonha e confusão, disse aos estudantes que a pessoa que passaria as informações ao próximo lote de estudantes não tinha aparecido e perguntou se eles poderiam falar com o novo grupo. Só precisavam dizer que a tarefa era realmente muito interessante. Alguns estudantes receberam um dólar por isso; outros, vinte dólares. Depois, o experimentador disse novamente que muita gente achara as tarefas interessantes e que esperava que os estudantes tivessem gostado.

Era mesmo tão chato assim?

Seguia-se uma entrevista sobre a experiência. Uma das perguntas que o entrevistador fez era se a tarefa era agradável. Lembre-se: a tarefa era muito, muito chata — mas tanto o experimentador quanto os próprios estudantes tinham dito

232 | CAPÍTULO 23

que era divertida. Mas o realmente interessante foi que os estudantes que tinham recebido um dólar para mentir sobre a tarefa a classificaram como mais interessante do que os que receberam vinte dólares.

> **"Os seres humanos não são animais racionais, mas animais racionalizantes."**
>
> Leon Festinger

Festinger e Carlsmith explicaram esse resultado em termos da dissonância cognitiva. Os estudantes que tinham recebido vinte dólares sentiram-se adequadamente recompensados por mentir. Mas os que só receberam um dólar teriam de admitir a si mesmos que mentiram por uma pequena recompensa ou teriam de mudar sua avaliação da tarefa. Era preferível admitir que estavam errados na opinião sobre a tarefa — não era *tão chata assim*, afinal de contas. Em essência, precisavam de um jeito de salvar sua dignidade, e escolheram rever a experiência original.

Entre no clube

Sabe-se que, quanto mais difícil entrar num clube, mais se valoriza o título de membro. Ainda que o clube seja bastante medíocre, com instalações iguais às de muitos outros, dizemos a nós mesmos que nosso esforço se justificou porque o clube é fantástico. Em 1956, Elliot Aronson e Judson Mills exigiram que as pessoas cumprissem uma tarefa humilhante ou levemente vergonhosa para participar de um grupo de discussões sobre sexo. O grupo, no fim das contas, era bem desinteressante (uma discussão sobre o comportamento sexual dos animais), mas os membros que passaram pela iniciação mais difícil gostaram mesmo assim. Eles precisavam se convencer de que o esforço valera a pena.

Dizem que Groucho Marx mandou um telegrama para o Friar's Club, em Beverly Hills, dizendo: "POR FAVOR ACEITEM MINHA RENÚNCIA. NÃO QUERO PERTENCER A NENHUM CLUBE QUE ACEITE COMO MEMBROS PESSOAS COMO EU." A piada é sobre dissonância cognitiva. Groucho quer entrar num clube exclusivo, mas tem baixa autoestima. Se o clube o aceitar como membro, não pode ser tão exclusivo quanto pensou que fosse, portanto ele não quer entrar.

É só tomar a cerveja e comer as rosquinhas

Poucos temos de mentir sobre o tédio de uma tarefa (a menos que, talvez, passemos a vida realizando entrevistas de recrutamento), mas há muitas oportunidades de dissonância cognitiva na vida cotidiana. Podemos decidir emagrecer ou comer direito, mas mesmo assim comprar rosquinhas no supermercado. Podemos resolver não beber tanto e aí comprar mais uma garrafa de vinho. Essa é a dissonância entre crenças e comportamentos. Também podemos exibir comportamentos dissonantes: comprar uma máquina para exercícios no mesmo dia em que compramos as rosquinhas, por exemplo.

Brinquedos divertidos e sem graça

Aparentemente, não são só os adultos que precisam racionalizar para si seu comportamento. Carlsmith se envolveu em

234 | CAPÍTULO 23

outro estudo, dessa vez com Elliot Aronson em 1963, para investigar a dissonância cognitiva em crianças pequenas. Em cada experiência, uma criança ficou numa sala com muitos brinquedos, um dos quais era extraespecial. Disseram à criança que ela poderia brincar com qualquer um dos brinquedos, mas que seria punida se brincasse com o especial. Metade das crianças foi ameaçada com uma punição grave, metade com uma punição leve. Nenhuma das crianças brincou com o brinquedo especial. Depois, todas as proibições foram suspensas, e todas as crianças tiveram permissão de brincar com qualquer brinquedo. As que tinham sido ameaçadas com a punição leve tiveram uma probabilidade muito menor de brincar com o brinquedo especial do que as outras crianças. Carlsmith e Aronson concluíram que as crianças tiveram de racionalizar sua reação de autopoliciamento com a ameaça leve e o fizeram convencendo-se de que o brinquedo não era tão interessante assim.

Em outro estudo de 2012, crianças de quatro anos foram postas na mesma situação, mas algumas ouviram música clássica durante as sessões de brinquedo. As que ouviram música não desvalorizaram o brinquedo especial. Parece que a música e alguns outros estímulos externos impedem estratégias que reduzem a dissonância.

"Bom, eu não queria mesmo..."

A dissonância cognitiva está por trás de muitos de nossos comportamentos aparentemente mesquinhos. Digamos, por exemplo, que você perca o leilão de um item na internet. Você racionaliza a situação: sente-se aliviado porque não teve de gastar o dinheiro ou se convence de que não queria tanto assim o item. É o mesmo processo no trabalho: para remover os pensamentos dissonantes de decepção, imediatamente desvalorizamos a coisa que perdemos. Quando temos de escolher entre dois itens ou ações, mesmo que a escolha pareça difícil, geralmente nos sentimos mais confiantes da escolha assim que a fazemos. A mente reforça a escolha para evitar dissonância. Não são só os seres humanos que fazem esse tipo de racionalização. Num estudo de 2007, que usou crianças da pré--escola e macacos-prego, os dois grupos de participantes se comportaram da mesma maneira. Ao escolher entre dois itens

A famosa fábula de Esopo sobre a raposa e as uvas é um exemplo perfeito de dissonância cognitiva — "as uvas estavam verdes", diz a raposa.

e, depois, numa nova escolha que envolvia o item rejeitado e um novo item de atração idêntica, tanto as crianças quanto os macacos escolheram o novo item. Havia claramente algo errado com o item rejeitado, porque o tinham rejeitado. Por que o quereriam na segunda vez?

Catástrofe: o mundo não acabou!

Os que não pertencem a seitas religiosas construídas em torno da crença de que o fim está próximo gostam bastante de

236 | CAPÍTULO 23

zombar das profecias do fim do mundo que surgem de vez em quando. Festinger (novamente) e alguns colegas decidiram estudar o efeito sobre os membros de cultos quando esses Dias do Juízo chegavam sem que o Armagedão ocorresse. Eles estudaram um grupo chamado os Seekers, que acreditavam que o mundo seria destruído por um grande dilúvio na manhã de 21 de dezembro de 1954. Nem é preciso dizer que não foi. O grupo era comandado por uma tal Marian Keech (na verdade, Dorothy Martin) que afirmava receber mensagens de um planeta chamado Clarion; eles esperavam ser levados embora numa nave espacial antes do dilúvio. Os membros tinham demonstrado dedicação considerável: mudaram-se de seus lares, venderam suas posses e largaram empregos e cônjuges. Na véspera da partida prevista, livraram-se de objetos de metal e aguardaram o visitante alienígena que deveria chegar à meia-noite e levá-los à espaçonave. A meia-noite veio e se foi, sem nenhum visitante alienígena. Como eles reagiram a essa decepção?

Está tudo bem...

Às quatro da madrugada, com todos sentados em silêncio atordoado, Keech recebeu uma mensagem dos alienígenas dizendo que Deus decidira poupar a Terra — e que seu pequeno grupo evitara o desastre. No dia seguinte, o grupo, antes avesso à publicidade, chamou a imprensa para contar que tinham impedido o dilúvio catastrófico. Sem se impressionar, as autoridades de Chicago ameaçaram prender Keech e interná-la numa instituição para doentes mentais.

Como Festinger previra, a inexistência do fim do mundo não destruiu o culto, mas o tornou mais forte em sua atividade proselitista. Em vez de perceber que a profecia estava errada, os membros se ajustaram ao que acontecera para encaixar suas crenças: o mundo *ia* acabar, mas sua bondade pessoal evitara o desastre. O culto fez algo tão poderoso que seus membros puderam ter ainda mais confiança em seu compromisso com ele e continuaram a recrutar novos membros. A dissonância cognitiva ganha o dia!

CAPÍTULO 25

Sorrir Vai Deixá-lo Feliz?

Sorrir faz todo mundo se sentir melhor. Essa declaração é verdadeira?

240 | CAPÍTULO 25

As pessoas dizem que, se sorrir, você se sentirá melhor. Parece estupidez: sorrimos quando estamos felizes; não ficamos felizes porque sorrimos. O que está errado na vida não se conserta com sorrisos. Mas será mesmo estupidez ou há algum grão de verdade nisso? Os psicólogos acham que pode haver.

Como você sabe como você é?

Decidimos como são as outras pessoas observando o que fazem e escutando o que dizem. Se virmos alguém dar dinheiro a um mendigo na rua, parar para conversar com um vizinho idoso ou pegar algo que um desconhecido deixou cair, supomos que seja uma pessoa bondosa, atenciosa ou generosa. Essas são ações de uma pessoa boa, empática, prestativa. Por outro lado, quando vemos alguém empurrar todo mundo para avançar pela multidão, xingar uma criança barulhenta ou ficar impaciente quando um idoso anda devagar, formamos uma opinião negativa a seu respeito.

> *"Às vezes, sua alegria é a fonte de seu sorriso, mas às vezes seu sorriso pode ser a fonte de sua alegria."*
>
> Thich Nhat Hanh, mestre zen

Se formamos uma opinião sobre os outros com base em seu comportamento, talvez formemos uma opinião sobre nós da mesma maneira. É a chamada autopercepção, a ideia de que a visão de quem somos é configurada pelo que fazemos. Nós nos observamos e chegamos a conclusões sobre nosso caráter, humor e atitude com base no que vemos. Parece ridículo; não é claro que o modo como agimos manifesta quem somos e não o contrário?

Em 1972, o psicólogo social Daryl J. Bem, da Universidade Cornell, em Nova York, propôs essa teoria da autopercepção como alternativa à teoria da dissonância cognitiva. Ela tem seus críticos, mas no momento parece que as duas teorias têm muito a recomendá-las e afetam as pessoas em ocasiões diferentes. A autopercepção pode ajudar as pessoas a formarem a visão que têm de si; então a dissonância cognitiva surge quando têm de agir de maneira que contradiga a opinião que formaram. Parece que a autopercepção é capaz de alterar a visão que temos de nós quando ainda não investimos muito numa atitude específica.

"Sou uma pessoa que faz isso"

Se observarmos o que fazemos e supusermos que somos o tipo de pessoa que faz esse tipo de coisa, em teoria deveria ser fácil mudar atributos nossos de que não gostamos. Mas a autopercepção pode tornar isso mais difícil, porque tendemos a acreditar que os comportamentos são mais entranhados do que são — que não são só comportamentos, mas traços de caráter.

AJA DIFERENTE PARA SER DIFERENTE

O filósofo existencial francês Jean-Paul Sartre acreditava que, o tempo todo, escolhemos como somos e o que somos. A pessoa é definida pelo que faz, e só por isso. Se alguém age com covardia, isso faz dessa pessoa um covarde. Se parar de agir dessa maneira e começar a agir com bravura, não será mais um covarde, mas um bravo. Podemos ter a tendência a agir de um jeito ou de outro, construída pela genética ou por experiências passadas, mas nada nos obriga a agir ou a continuar agindo assim. É uma filosofia ao mesmo tempo libertadora e opressiva, porque afirma que não há mais ninguém a culpar pelo modo como você é.

242 | CAPÍTULO 25

Se passar uma semana no sofá assistindo à TV e jogando videogames, talvez você pense: "Sou uma pessoa preguiçosa". Se não gosta dessa opinião de si mesmo, então talvez pense: "Tenho de mudar e deixar de ser preguiçoso." Esse é um desafio e tanto: é uma mudança total de seu caráter. Seria mais útil pensar: "Passei uma semana preguiçosa no sofá. Não quero agir de forma preguiçosa na semana que vem." Um alvo ligado às atividades de uma semana intimida muito menos do que um alvo que parece exigir que você reescreva sua personalidade.

Mudar a mente?

Vários estudos mostraram que, quando alunos são instruídos a escrever um ensaio propondo ou defendendo uma opinião contrária à sua, eles tendem ajustar sua opinião para ficar mais alinhada ao argumento que apresentaram.

Em 1970, Daryl Bem e seu colega Keith McConnell investigaram a opinião dos estudantes sobre o controle do próprio currículo. Então, esses estudantes tiveram de escrever um ensaio propondo a opinião oposta à deles.

Depois, Bem e McConnell perguntaram aos estudantes qual era sua opinião no início do estudo. O resultado não foi igual às respostas do pré-estudo: eles ajustaram suas opiniões, mas afirmaram que sempre as tinham defendido.

Para os anunciantes e outros dedicados a nos persuadir, essa é uma boa notícia. Eles só precisam mirar em algo em que ainda não pensamos direito ou sobre o qual não temos opiniões fortes, nos fazer pensar, dizer ou fazer algo a favor da opinião que querem que tenhamos e acreditaremos que sempre fomos simpáticos a essa opinião.

De volta à chatice

Daryl Bem adaptou o experimento de Festinger em que as pessoas tinham de realizar uma tarefa chata (ver o capítulo 24). Os participantes de Bem ouviram a gravação de um homem falando com entusiasmo sobre a tarefa chata.

Um dos grupos foi informado de que o homem recebera vinte dólares pelo depoimento; o outro grupo, de que recebera um dólar. Quando interrogados, os participantes acharam que o homem que recebera um dólar gostara mais da tarefa do que o homem que recebera vinte dólares. É o mesmo re-

> **O SORRISO CIENTÍFICO**
> O sorriso oficialmente aceito se chama sorriso Duchenne. Envolve os músculos zigomáticos, que elevam a lateral da boca, e os orbiculares dos olhos, que os franzem. Esse tipo de sorriso é classificado pelos observadores como o mais genuíno.

sultado que Festinger obteve com seus participantes: os que só receberam um dólar recordaram a tarefa como mais interessante do que quem recebeu vinte dólares. Bem concluiu que os participantes de Festinger reagiam do mesmo modo que os seus, mas a diferença era que inferiam coisas a partir

> **GOSTOSURAS OU TRAVESSURAS?**
> Um estudo realizado em 1989 indica que, quando podemos nos ver, é mais provável agirmos de um modo que aprovaríamos. Pesquisadores escondidos observaram crianças que foram pedir "gostosuras ou travessuras" pelo bairro no Halloween. Quando o morador da casa deixou as crianças sozinhas no saguão e lhes disse que podiam pegar um doce de uma seleção, 33% das crianças pegaram mais de um doce. Mas, se no saguão houvesse um espelho, de modo que as crianças pudessem ver o que faziam, menos de 4% delas pegaram mais de um doce. Parece que as crianças não queriam ser vistas fazendo algo desonesto, nem mesmo por si mesmas, porque então teriam de *pensar em si* como desonestas.
>
>

Sorrir Vai Deixá-lo Feliz? **245**

de seu próprio comportamento em vez de a partir do comportamento dos outros. Ele defendeu que o processo era o mesmo: olhamos comportamentos e inferimos coisas sobre atitudes, seja o sujeito outra pessoa ou nós mesmos.

E antes...

No século XIX, muito antes do experimento de Bem, William James e Carl Lange criaram uma teoria hoje chamada, sem muita imaginação, de teoria de James-Lange. Eles propuseram que todo estímulo — algo que sentimos, notamos ou vivenciamos — tem efeito fisiológico sobre o corpo. O efeito fisiológico é processado pelo cérebro e cria uma emoção. A reação fisiológica é um reflexo.

Assim, se você vir um urso correndo em sua direção, suas mãos podem começar a suar e seu coração a bater mais rápido. Então, o cérebro nota o reflexo e cria o medo, e o medo faz você realizar uma ação evasiva. O medo, então, configura sua decisão sobre a ação.

Então, sorrir vai deixá-lo feliz?

A dificuldade de pesquisar se sorrir deixa as pessoas mais felizes é que é necessário separar o ato físico de sorrir do estímulo que pode deixar as pessoas mais felizes. Não adianta fazer as pessoas sorrirem lhes contando uma piada, elogiando-as ou lhes dando um sorvete, pois todas essas coisas podem deixá-las mais felizes de qualquer jeito.

Em 1988, uma equipe de pesquisa encabeçada por Fritz Strack usou um método engenhoso para fazer os participantes sorrirem. Os pesquisadores disseram que estavam desenvolvendo novos métodos para permitir que pessoas paralisadas se

Ela está sorrindo ou não? Difícil de ler, a expressão da Mona Lisa dá ao quadro de Leonardo uma característica perturbadora.

comunicassem e precisavam de ajuda para descobrir formas diferentes de segurar um lápis usando apenas os músculos da face.

Alguns participantes tiveram de segurar o lápis com os dentes; outros, com os lábios. O primeiro método forçava o rosto dos participantes a formar um sorriso, enquanto o segundo os forçava a adotar uma expressão infeliz. Então, mostraram desenhos animados aos participantes e lhes pediram que os classificassem pelo humor. Os participantes "sorridentes" acharam os desenhos mais engraçados.

Real ou falso?

Uma versão modificada do estudo, realizada em 2002, constatou que o sorriso falso (sem erguer as bochechas) tinha menos efeito que o sorriso "real" (com as bochechas levantadas) e que sorrir causava impacto sobre o modo como as pessoas percebiam estímulos positivos, mas não a recepção de estímulos negativos (imagens aborrecidas ou nojentas). O sorriso "real" ainda tem o efeito de melhorar o humor, mesmo quando falso; o importante é usar todos os músculos necessários para reproduzir um sorriso real.

Então parece que, sim, sorrir pode deixá-lo mais feliz. Pode ser uma simples questão de autopercepção: estou sorrindo, logo tenho de estar feliz. Mas alguns psicólogos sugeriram que, como sorrir exercita os músculos zigomáticos, isso muda o fluxo de sangue na cabeça e pode realmente produzir um efeito real sobre a química do cérebro.

> ## SÃO MESMO NECESSÁRIOS MAIS MÚSCULOS PARA FRANZIR O CENHO DO QUE PARA SORRIR?
>
> É difícil dizer exatamente quantos músculos são usados para sorrir e franzir o cenho, ainda mais porque as pessoas sorriem e franzem o cenho de jeitos diferentes. O sorriso reconhecível mais simples usa cinco pares de músculos, e o cenho franzido mais simples usa três. Se a questão for só a economia do uso muscular, franzir o cenho é a aposta mais segura. Mas sorrir é um exercício melhor, então talvez seja o caso de incluí-lo em seu regime de exercícios.

CAPÍTULO 26

É Só uma Fase Mesmo?

A mente das crianças se desenvolve em fases distintas ou seu desenvolvimento é cumulativo e em camadas?

250 | CAPÍTULO 26

Seu filho de 2 anos faz manha, seu filho de oito anos lhe responde e sua adolescente tem um ataque porque você está "destruindo a vida dela". Não se preocupe, é só uma fase. Vai passar quando eles crescerem, é o que todo mundo diz. Mas será verdade?

Dois modelos para deixar de ser um bebê

Tendemos a pensar na infância em fases. Para os pais, as fases podem ser um pouco confusas; às vezes são curtíssimas e específicas (a fase do xixi na cama, a fase grudenta), outras vezes parecem intermináveis (a fase do adolescente enraivecido). Esse modelo de "fases" da infância transforma a criança num tipo de trem que passa por uma estação atrás da outra, pegando e deixando passageiros. Ah, olhe, a manha embarcou; vai ficar algumas paradas e depois vai embora. Mas há um modelo diferente que sugere um desenvolvimento mais gradual, no qual novas capacidades e habilidades se empilham sobre as anteriores, acabando por se incorporar a um modo adulto de se envolver com o mundo. Os modos de ser não são deixados para trás, mas outros são acrescentados aos existentes.

É uma fase que estão passando

O modelo das fases se baseia no trabalho do psicólogo desenvolvimentista suíço Jean Piaget (1896-1980). Ele dividiu o aprendizado das crianças pequenas em quatro fases, de acordo com o tipo de habilidade adquirida e o modo como conseguiam interpretar o mundo e interagir com ele:

- **0 a 2 anos:** fase sensório-motora; os bebês só têm consciência de si mesmos e do ambiente imediato. São extremamente egocêntricos e não fazem ideia de que algo ainda existe quando não podem mais ver (o entendimento de que os objetos continuam existindo mesmo quando não podem ser vistos é a chamada "permanência do objeto"). No entanto, estudos realizados em 1972 indicam que essa teoria é inexata. Quando um bebê tenta pegar um objeto oferecido e a luz for apagada, o bebê continua a tentar pegá-lo (como revelado por uma câmera com filme infravermelho).

- **2 a 7 anos:** fase pré-operatória; as crianças ainda estão centradas no mundo exterior e em como ele funciona, mas não conseguem fazer deduções lógicas (que precisam do pensamento "operacional"). Tendem a se concentrar num aspecto do objeto ou da situação de cada vez. Têm dificuldade para imaginar o ponto de vista dos outros ("teoria da mente"), não entendem princípios como

No primeiro ano de vida, as crianças pequenas aprendem que as coisas ainda estão lá, mesmo que não possam vê-las. Essa habilidade recém-desenvolvida da permanência do objeto torna divertida e tranquilizadora a brincadeira de "cadê? achou!"

o da conservação — que o mesmo número de objetos pode ser arrumado de maneira diferente — nem a relação entre grupos e subgrupos de objetos. Mais uma vez, pesquisas posteriores indicam que Piaget subestimou o que as crianças conseguem fazer, em parte porque seus experimentos não foram bem projetados.

- **7 a 11 anos:** fase das operações concretas; as crianças agora conseguem entender conceitos como a conservação de número e volume, mas só com a ajuda de objetos físicos (concretos) para demonstrá-los. Pesquisas posteriores, mais uma vez, indicam que Piaget não configurou seus experimentos de maneira acessível às crianças e, novamente, subestimou sua habilidade.

- **11 anos ou mais:** fase das operações formais; os jovens conseguem lidar com conceitos dentro da cabeça e não precisam mais de demonstrações físicas para torná-los reais. Conseguem fazer raciocínios dedutivos e entendem que, por exemplo, se A>B e B>C, então A>C tem de ser verdade.

Alguns pesquisadores constataram que os testes de Piaget são demasiado específicos em termos culturais. Os navegadores pulawat da Polinésia conseguem realizar o pensamento de operações complexas para navegar em suas canoas, mas não passam nos testes de desenvolvimento de Piaget, que não fazem sentido para eles.

Também houve discordância sobre a frequência com que a quarta fase é atingida adequadamente; algumas pesquisas mostram que só um terço da população adulta atinge inteiramente a fase das operações formais.

> **DESENVOLVIMENTO COGNITIVO**
> Desenvolvimento cognitivo é como adquirimos conhecimento ou como aprendemos a saber coisas. Examina de que modo a pessoa em crescimento, de bebê a adulta, adquire as habilidades e estruturas mentais que lhe permitam deduzir, armazenar e usar o conhecimento.

Os tijolos do comportamento

Jerome Bruner adotou uma abordagem diferente e escolheu modos em vez de fases do desenvolvimento. Em 1966, ele propôs que três modos de representação se sobrepõem e montam um conjunto de habilidades que não são superadas, mas ainda usadas na idade adulta.

Bruner defendia que as crianças construíam um "andaime" mental que sustenta seu aprendizado, com o conhecimento mais antigo apoiando o conhecimento novo.

- **0 a 1 ano:** modo ativo; os bebês usam a ação para interagir com o mundo, construindo "memória muscular" (como aprender a acenar e a andar, habilidades que não são esquecidas, a não ser em caso de lesão cerebral).

- **1 a 6 anos:** modo icônico; a realidade é representada por meio de imagens e sons.
- **7 anos ou mais:** modo simbólico; as informações são armazenadas e manipuladas usando símbolos, como a linguagem e a matemática.

Bruner descobriu que, se um adulto primeiro descrevesse algumas tarefas de Piaget para a criança, ela teria menos probabilidade de falhar. Assim, se perguntassem à criança, antes de entornar a água de um copo alto e fino num copo baixo e largo, se depois haveria mais, menos ou a mesma quantidade de água, seria mais provável que ela desse a resposta certa. Combinar todos os modos (ativo, icônico e

PENSAR O IMPENSÁVEL?

Os esquemas de uma pessoa podem ser estruturados de modo que uma relação útil entre eles seja impossível. Por exemplo, o esquema de "casamento" e o esquema de "homossexualidade" de alguém pode tornar o conceito de casamento gay incompreensível para essa pessoa; ela não consegue entender como usar as duas palavras juntas e haver algum significado. Se não se dispuser ou não for capaz de ajustar seus esquemas para que o encaixe seja possível, essa pessoa terá de rejeitar o casamento gay. É interessante que as pessoas que rejeitam ideias assim

costumam usar palavras como "impensável" ou "inconcebível" — e é exatamente o que esses conceitos são para elas.

simbólico) facilitava entender o que estava acontecendo. Se usassem uma bola de massinha para fazer formas diferentes enquanto explicavam ao mesmo tempo o que estavam fazendo, as crianças entendiam prontamente a conservação de volume, mesmo que errassem nos testes de conservação de Piaget.

De dentro para fora ou de fora para dentro?

O modelo de Piaget se baseia no desenvolvimento que acontece a partir de dentro da criança, numa sequência estabelecida. Embora o desenvolvimento exija a interação com o ambiente e com outras pessoas, a criança é o principal componente e instigador.

Bruner era de opinião diferente e tornava o ambiente e as outras pessoas muito mais importantes: o aprendizado da

> ### CRIANÇAS SELVAGENS E OPORTUNIDADES PERDIDAS
>
> De vez em quando, são encontradas crianças que vivem com animais selvagens, isoladas do contato humano. Esses casos trágicos oferecem uma rica oportunidade para os psicólogos, que podem então acompanhar o desenvolvimento das crianças quando expostas a outros seres humanos, à linguagem e a atividades e ambientes humanos normais.
>
> As crianças criadas por lobos ou cães selvagens costumam correr de quatro, uivar, rosnar e comer carne crua — em outras palavras, agem da mesma maneira que seus irmãos caninos. Se encontradas ainda cedo, às vezes conseguem se integrar à sociedade humana. Conseguem aprender um idioma, começam a comer comida cozida e andam eretas. Outras que ficaram mais tempo sem contato humano talvez nunca adquiram a linguagem nem se integrem à sociedade humana. Parece haver um ponto de corte em algum momento entre os 6 e os 13 anos. Se a criança não aprende uma língua antes disso, talvez nunca seja capaz de aprender.
>
>

criança é capacitado por adultos e por outras crianças. É por meio de sua interação com os outros que as crianças passam a dar significado a suas ações e sons. Se uma criança estende a mão para alguma coisa e não consegue pegar, o adulto lhe passa o objeto. Então ela aprende que estender a mão para alguma coisa age como apontar, pois é assim que é interpretado. Apontar, então, se torna uma ação com significado próprio, significado conferido pelas ações dos outros. Esse é um modo de aprender "de fora para dentro", com a influência do mundo exterior ajudando a construir a cognição da criança.

Como construir um cérebro que funcione

Para tornar seus cérebros capazes de vida normal e independente, as crianças têm de trabalhar muito. Primeiro, constroem os esquemas de que precisam para estruturar o conhecimento (ver o capítulo 20). Depois, assimilam novos conhecimentos encaixando-os em seus esquemas e modifi-

Manter a mente aberta sobre ideias novas indica que ainda estamos construindo esquemas.

cam os esquemas para acomodar informações que não se encaixem neles. Por sorte, as crianças não precisam saber o que estão fazendo.

Na verdade, continuamos fazendo isso a vida toda, alguns com mais disposição do que outros. Quando encontra alguém com pontos de vista muito entranhados, que simplesmente rejeita como "bobagem" tudo em que não quer pensar, você vê alguém que desistiu de construir esquemas. Não há lugar em seu conjunto de esquemas para operações bancárias pela internet ou para a arte moderna, e a pessoa nem consegue começar a pensar nisso. Não é o mesmo que investigar e dizer "não, obrigado"; é ter a "mente fechada", em que os esquemas se petrificaram. A tendência é marcante em pessoas mais velhas, mas às vezes encontramos jovens que parecem indispostos ou incapazes de aceitar ideias novas.

Quando ficam mais velhas, as crianças se tornam capazes de "operações" — estruturas mentais de ordem mais elevada que exigem relações lógicas entre esquemas. As operações possibilitam a compreensão mais complexa. Mais uma vez, podemos ver fracassos operacionais em pessoas que resistem a novas ideias.

Lousa em branco ou disco rígido formatado?

Há um conceito antiquíssimo da mente do bebê como uma *tabula rasa* — uma lousa em branco à espera de que escrevam nela o conhecimento. Mas há muitos questionamentos a esse ponto de vista. As ações instintivas e reflexas estão programadas no cérebro; o bebê tem o instinto de sugar e suga minutos depois de nascer, se tiver oportunidade. Pode haver esquemas inatos, prontos para serem preenchidos com conhecimentos; então, em vez de uma lousa vazia, o cérebro do bebê seria mais parecido com um disco rígido formatado, que já tem instaladas as estruturas para guardar conhecimento.

Noam Chomsky defendeu que a linguagem caía nessa categoria, com a criança nascida já "preparada" para aprender a língua. Ele ressaltou as semelhanças sintáticas entre os idiomas, que possibilitam ao bebê completar seu esquema com a língua que for usada pela família.

CAPÍTULO 27

Vale a Pena Jogar na Loteria?

Você compra bilhetes de loteria? Estranhamente, talvez seja melhor que seu número não seja sorteado.

CAPÍTULO 27

Você sonha em ganhar na loteria ou ter algum outro golpe de sorte que o deixe instantaneamente rico? Muitos listamos as coisas que compraríamos e faríamos se de repente tivéssemos uma riqueza imensa. E há muitas empresas e loterias nacionais que se alimentam desses sonhos. Mas isso realmente o deixaria feliz?

Um imposto sobre a burrice?

Por que você compra um bilhete de loteria ou faz uma aposta com um corretor? Acha mesmo que pode ganhar? Espera que possa ganhar, embora saiba que provavelmente não

Em 1961, Viv Nicholson ganhou a quantia então imensa de 152.319 libras esterlinas na loteria esportiva do Reino Unido. Logo ela gastou todo o dinheiro e acabou endividada e com problemas com a lei. Um de seus cinco maridos morreu quando bateu com o carro que ela lhe comprara com o prêmio. A foto dela está na capa do disco "Heaven Knows I'm Miserable Now" ("Só Deus sabe como estou sofrendo agora"), do grupo The Smiths.

ganhará? Ou é só "divertido"? Qual é exatamente a diversão de entregar dinheiro em troca de uma probabilidade pequeníssima de ganhar tanto dinheiro que provavelmente o faria sofrer?

É bem sabido que muita gente que joga não poderia se dar a esse luxo. Entre os de melhor condição, há o pressuposto arrogante de que essas pessoas são burras: desperdiçam dinheiro que não têm na probabilidade praticamente inexistente de ganhar. Mas não são. Elas compram algo certo e positivo: a oportunidade de sonhar com uma vida melhor. Comprar o bilhete é um passaporte para longe da labuta cotidiana, mas é um visto de turista, não de imigrante. Durante os dias ou horas entre comprar o bilhete e ouvir o resultado decepcionante, o dono do bilhete tem permissão de sonhar com uma vida melhor. Não é um desperdício de dinheiro maior do que os outros prazeres transitórios, como um copo de vinho ou uma boa refeição. A questão do bilhete não é ganhar; é sonhar que ganhou.

Tome cuidado com o que pede...

A maioria dos ganhadores da loteria se dá mal. Estudos mostraram que entre 70% e 90% dos ganhadores da loteria americana estão falidos em cinco anos — e isso não é o pior. Além da pobreza, seus gastos com drogas, bebidas, prostitutas, bens de consumo extravagante e negócios duvidosos levaram muitos vencedores a doenças físicas e mentais, crimes, suicídios e até morte violenta. Vários mataram outros ou a si mesmos em acidentes alimentados por drogas ou bebidas.

A maioria dos desacostumados à riqueza precisa de ajuda para lidar com ela, senão acabam como aqueles astros adolescentes muitíssimo bem pagos que saem dos trilhos. Os vencedores que se dão melhor em termos de administrar a vida costumam ser os que usam o dinheiro em boas causas — que doam para caridade ou criam um fundo fiduciário.

Então por que não conseguimos lidar com o fato de obtermos o que achamos que queremos?

Tudo é relativo

Um estudo realizado nos EUA em 1978 por Philip Brickman e Dan Coates mediu o nível de felicidade de ganhadores de loteria e vítimas paralisadas de acidentes — dois conjuntos de pessoas que passaram por mudanças significativas da fortuna. Eles também estudaram um grupo de controle de pessoas não afetadas por prêmios nem acidentes. Descobriram que dois processos, o contraste e a habituação, tornaram os ganhadores da loteria menos felizes do que seria de esperar.

Picos e vales

Em geral, o momento em que a pessoa descobre que ganhou na loteria é de empolgação extasiada — geralmente, uma "experiência de pico". É dificílimo que eventos posteriores se igualem à glória daquele momento, e o prazer que a pessoa deliciada tem com coisas menores tende a diminuir. Já se descobriu que ganhadores da lo-

> *"Você não está comprando a probabilidade de ganhar, porque na verdade não há probabilidade nenhuma de que você ganhe. Você está comprando o direito de fantasiar sobre ganhar."*
>
> Derek Thompson, editor de negócios da revista *The Atlantic.*

teria gozam menos os prazeres cotidianos do que as pessoas que não ganharam.

Isso não se aplica só a ganhar na loteria. Qualquer um cuja carreira chega a um ponto máximo e depois decai, ainda mais quando o pico é na juventude, tem de lidar com essa questão. O que faz um primeiro-ministro depois de perder o cargo? Por que ex-astros do esporte e ex-supermodelos às vezes caem numa espiral pessoal descendente? Realizar uma grande ambição pode levar depois a uma sensação de vazio e falta de direção.

Lutar por algo dá propósito à vida, e esse propósito desaparece quando atingimos nossa meta. A astrofísica e dama Jocelyn Bell Burnell, excluída de forma controvertida do Prêmio Nobel de Física pela descoberta dos pulsares (o comitê do Prêmio Nobel deu o crédito a Antony Hewish, supervisor de sua tese), disse que está contente de não ter ganhado, pois

Jocelyn Bell Burnell aproveita ao máximo não ter ganhado o prêmio Nobel pela descoberta dos pulsares.

o que lhe restaria depois? Ela não seria capaz de ter tanto prazer com outros prêmios, que nunca seriam páreo para o Nobel. Desde então, ela foi coberta de homenagens, inclusive o título de dama.

A (má) sorte do ganhador

Até os prazeres que imaginamos que teríamos se fôssemos ricos diminuem com o tempo quando nos acostumamos a eles. A habituação os torna menos especiais. As pessoas logo se acostumam a ter a casa sempre aquecida, a comer sempre os melhores pratos, a ficar nos melhores hotéis e ir aos melhores restaurantes. Aparentemente, as pessoas podem até ficar insaciáveis por serem levadas por um chofer num carro de luxo e por tomar coquetéis em praias orladas por palmeiras. O exótico se torna mundano.

Ao mesmo tempo, fica mais difícil ter prazer com pequenos eventos, como receber um elogio ou assistir ao programa favorito na TV. Os ganhadores da loteria relataram menos prazer com essas coisas do que o grupo de controle ou as vítimas de acidente. Eles também não esperam ser mais felizes no futuro. A longo prazo, os ganhadores não tiveram nenhum ganho de felicidade em relação ao grupo de controle.

Quando interrogaram as vítimas de acidentes graves cujo destino tivera uma grande virada para pior, Brickman e Coates descobriram que eles também contrastavam a vida anterior com a situação atual. A comparação os fazia sofrer mais, principalmente quando tendiam a ver o passado com óculos cor-de-rosa, recordando-o como mais agradável do que realmente era. Isso aumentava a sensação de perda.

NÚMEROS DA SORTE?

Algumas pessoas sempre jogam nos mesmos números, escolhendo os que têm alguma importância pessoal, como uma série de datas de nascimento ou um número que consideram de "sorte". Quanto mais vezes os números não saem, mais acham que é maior a probabilidade de ganharem em futuro próximo. Mesmo que conheçam matemática, eles se dedicam a algum tipo de pensamento mágico que os incentiva a acreditar que todos os números têm sua vez. Na verdade, não há nenhuma probabilidade maior que uma sequência aleatória de números saia do que uma sequência como 1, 2, 3, 4, 5 e 6.

O site da loteria do Reino Unido publica uma lista dos números que foram mais ou menos sorteados e os que estão mais "atrasados" — os que não saem há algum tempo. Mas cada sorteio é aleatório, naturalmente, e o resultado de sorteios anteriores não tem impacto sobre o resultado futuro. Pode ser que os mesmos seis números saiam toda semana durante um ano; só não é muito provável.

Mas, se quiser jogar na loteria e se arriscar a ganhar muito dinheiro, não escolha os mesmos números que a maioria. Isso significa evitar qualquer padrão óbvio. É claro que, se quiser ganhar uma quantia modesta para limitar o prejuízo que o prêmio faz à vida, escolher, digamos, os seis primeiros números primos garantiria que, se seus números forem sorteados, você terá de dividir o prêmio com muita gente.

CRÉDITO DAS ILUSTRAÇÕES

Alamy Stock Photo/Classic Image: 113
W.E.F. Britten/Adam Cuerden: 111
Clipart: 92
Corbis: 157 (Sunset Boulevard), 161 (CinemaPhoto)
Getty Images: 121, 149 (Fox Photos), 213 (New York Daily News), 262
Coleção Kobal: 49
NASA: 171
National Photo Company Collection: 65
nyenyec: 44
Anne Rooney: 169
Science Photo Library: 265 (Daily Herald Archive/National Media Museum)
OpenStax College: 26
Shutterstock: 7, 8, 19, 31 (Monkey Business Images), 33, 41, 51, 55, 63, 75, 78, 79, 82, 91, 99, 101, 107, 125, 131, 137, 151, 154, 165, 179, 189, 191, 199, 202, 229, 230 (Rob Wilson), 239, 244, 246 (Oleg Golonov), 249, 251, 253, 254, 255, 256, 261
Lorna Tilley: 53
Peter Trevaris: 17
Wellcome Images: 12